BIBLIOTHÈQUE "HISTORIA"

LA REINE HORTENSE

PAR

JOSEPH TURQUAN

ÉDITIONS JULES TALLANDIER
75, RUE DAREAU, PARIS (XIVe)

LA REINE

HORTENSE

Cliché Braun

La reine HORTENSE
d'après un tableau de J.-B. REGNAULT

R. H. II — I

JOSEPH TURQUAN

LA REINE HORTENSE

D'APRÈS

LES TÉMOIGNAGES DES CONTEMPORAINS

TOME SECOND

A PARIS

ÉDITIONS JULES TALLANDIER

75, RUE DAREAU, 75

LA REINE HORTENSE

CHAPITRE VI

Hortense reçoit Marie-Louise à Saint-Leu. — Elle va prendre les eaux d'Aix-en-Savoie. — Mort de son amie, Mme de Broc. — Hortense va à Dieppe. — Ses bains de mer. — Retour à Paris. — La nouvelle chambre de la reine. — 1814. — Hortense écrit à son frère de la part de l'empereur. — Elle fait de la charpie. — Perplexités d'Hortense. — Elle se résout à quitter Paris. — Elle va à Trianon, puis à Rambouillet. — La reine, son mari et ses beaux-frères au château de Rambouillet. — Son mari l'engageant à aller à Blois, elle va à Navarre. — Abdication de l'empereur. — Hortense n'oublie pas ses intérêts. — Mlle Cochelet. — Double jeu joué par la reine. — Hortense n'est pas franche : désaccord entre ses actes et ses paroles.

Pendant ce printemps de 1813, la reine Hortense fit plusieurs petits séjours à Saint-Leu. Elle y allait quand le temps était beau. L'impératrice Joséphine vint, de la Malmaison, passer quelques vingt-quatre heures avec elle. Saint-Leu, alors, prenait une animation insolite. L'impératrice partie, tout retombait dans le calme, qui est le vrai charme de la campagne. Une promenade à pied, dans le jardin, pour admirer les fleurs; le déjeuner, une promenade en calèche ou couchée de tout son long dans le breack, et Hortense avait fini sa journée. Avant de se coucher, elle dessinaît, ou, dès que ses enfants étaient endormis, se faisait faire une lecture. Si elle ne se sentait pas fatiguée de tant de travaux, elle faisait une partie de billard et encore une promenade quand la soirée était belle.

Il eût fallu être bien difficile pour ne pas s'estimer heureuse d'être à même de mener cette vie-là. Mais la pauvre Hortense ne pouvait goûter de bonheur, bien qu'elle fût, depuis tantôt trois ans, complètement séparée de son mari. M. de Flahaut était à l'armée d'Allemagne, M. de Brack y était aussi; tout ce qui avait la force de tenir une épée y était allé... et la malheureuse femme s'ennuyait à périr.

Mais elle n'était pas la seule femme, parmi les souveraines, qui alors s'ennuyât si fort. L'impératrice Marie-Louise ne s'amusait pas beaucoup, victime qu'elle était de la rigoureuse étiquette des Tuileries. Le duc de Rovigo, pour la distraire de l'absence de Napoléon, suggéra à Hortense de lui offrir une fête à Saint-Leu. Hortense invita donc l'impératrice et, pour l'amuser, fit venir chez elle la troupe du théâtre des Variétés. Marie-Louise devait d'autant plus apprécier ce divertissement qu'il ne lui était pas permis d'aller aux petits théâtres des boulevards.

L'impératrice arriva de bonne heure à Saint-Leu, accompagnée de la duchesse de Montebello, sa dame d'honneur, de la comtesse Edmond de Périgord, d'un chambellan, d'un écuyer, de pages et de toute une escorte : c'est en cet équipage qu'elle allait goûter les joies simples de la campagne.

On était au mois de mai; le soleil brillait de tout son éclat, et les feuilles, du plus délicieux vert tendre, s'épanouissaient à toutes les branches. L'impératrice et la reine firent, après le déjeuner une promenade à cheval dans les bois de Montmorency, et, le soir, la troupe des Variétés joua sur le petit théâtre de Saint-Leu deux pièces en vogue : *Les Habitants des Landes* et *Le Ci-Devant Jeune Homme*. L'impératrice avait dû s'amuser : elle avait changé de robe quatre fois dans sa journée!

Cependant, l'empereur venait de remporter la victoire de Dresde. Les craintes furent momentanément calmées en France. Hortense, quant à elle, n'eut plus à avoir d'inquiétudes sur son frère, que l'empereur renvoyait à Milan. Elle s'appliqua donc à se soigner et, comme les médecins l'engageaient à prendre les eaux d'Aix, elle se détermina à aller en Savoie. Elle laissa ses enfants auprès de sa mère, à la Malmaison, sous la surveillance de M. de Marmold et de l'abbé Bertrand, et partit. Trois voitures composaient ses équipages. Elle occupait la première avec Mme de Broc; M. d'Arjuzon, chevalier d'honneur, le docteur Lasserre, Mlle Cochelet et Mlle Pio étaient dans la seconde. Mlle Pio était une charmante Portugaise, très bonne musicienne; c'est elle que la reine Hortense chargeait de noter ses improvisations musicales. Les femmes de chambre suivaient dans la troisième voiture.

C'est à Aix que la reine apprit la mort du général Duroc, enlevé après douze heures de souffrances atroces, par un coup de boulet qui lui avait ouvert le ventre. Il est difficile de savoir les sentiments que la reine Hortense avait pu conserver pour ce général qui avait bien voulu se prêter jadis à un manège de coquetterie avec elle, mais, fort avisé, n'avait pas voulu épouser une jeune fille aussi peu soucieuse des convenances. Il est probable que l'oubli avait succédé chez elle à l'amour et à la rancune. Mais, en apprenant la mort du grand-maréchal du palais de Napoléon, Hortense sembla ne penser qu'à la perte que l'empereur faisait en lui. Et il faut croire qu'elle était sincère en disant ces mots : « C'était un si brave homme! si digne, si estimable, si sincèrement attaché à l'empereur! Personne ne pourra remplacer Duroc près de lui. Ah! quand viendra donc la paix? Tous nos amis finiront-ils par périr ainsi? Et sa femme, que j'aime tant! Je regrette d'être si loin d'elle, de ne pas pouvoir aller la consoler! »

La reine Hortense, à Aix, s'était installée dans la maison Chevallay, située un peu au-dessus de la ville, du côté du grand Revard. De là, on dominait la charmante vallée au fond de laquelle est bâtie la petite cité d'Aix; on découvrait ce joli lac aux couleurs changeantes selon les heures de la journée, et la vue n'était bornée que par la silhouette vivement tranchée de la muraille rocheuse dont la Dent du Chat est la plus remarquable arête.

Corvisart, en envoyant Hortense prendre les eaux d'Aix, croyait, paraît-il, que sa poitrine était menacée, peut-être même déjà atteinte. A peine la reine eut-elle pris quelques bains que son état s'améliora presque à vue d'œil. Le docteur Lasserre assurait que la poitrine n'était nullement attaquée et qu'avec du repos et du calme d'esprit, la bonne santé d'autrefois ne serait pas longue à revenir. Le repos du corps, le calme de l'esprit, Hortense les avait à Aix et pouvait les prendre à hautes doses. Le matin, elle se baignait. On la rapportait chez elle en chaise et on la couchait. Une heure après, elle se levait pour déjeuner. Ensuite, promenade digestive en calèche : on emportait des crayons, des albums, et la reine croquait au passage les vues qui lui plaisaient : la colline de Tresserve, les bords du lac, Hautecombe, la Dent du Chat, etc. On rentrait, on dinait, on mettait la dernière main aux dessins faits pendant la promenade et l'on s'allait coucher, la conscience nette et le corps dispos. Cette vie simple, qui est celle de presque tous les baigneurs d'Aix, plaisait à la reine, ou du moins elle le disait.

Elle disait aussi, quand on montait en voiture pour aller faire une promenade : « Décidez vous-mêmes où nous devons aller; vous savez que je n'ai jamais de volonté pour ces choses-là. » Et, trouvant l'occasion bonne pour émettre un de ces jugements sur sa personne, qu'elle aimait beaucoup mettre en cause, trop peut-être, un de ces jugements qui, dans sa pensée, la plaçaient au-dessus des autres femmes, elle ajouta modestement un jour : « Je suis naturellement paresseuse, j'aime assez à être menée; mais lorsque ma raison et mes sentiments me disent qu'une chose est nécessaire, qu'elle est noble et bien, je réunis toutes mes forces pour la faire, et ma dose de force et de volonté devient d'autant plus considérable que j'en use plus rarement. » On admira bouche bée un si noble caractère, mais on oubliait que la reine faisait là l'apologie de son entêtement, qu'il eût été plus séant qu'elle parlât moins d'elle-même, et l'on partit. On avait décidé qu'on irait à la cascade de Grésy. « M. d'Arjuzon ne la connait pas, avait dit Mme de Broc; allons la lui montrer. »

Les voitures ne peuvent pas arriver jusqu'à la cascade; on les laisse sur la route; on n'a d'ailleurs que quelques pas à faire pour arriver jusqu'au moulin de la cascade. C'est là que les touristes vont l'admirer. Afin de mieux faire jouir les visiteurs de la vue de sa cascade et leur permettre de passer de l'autre côté, le meunier avait jeté une planche au-dessus d'un petit bief où l'eau se précipitait bouillonnante et écumeuse. Hortense aussitôt de s'engager sur cette planche et de franchir hardiment le petit pont improvisé. Mme de Broc la suit. Eut-elle le vertige? Le pied lui glissa-t-il? On ne sait. Toujours est-il qu'on la vit tomber et disparaître dans l'écume; le torrent l'engloutit! On crie, on se démène, on se désespère... Le meunier et ses garçons arrivent, ils tendent des perches dans le milieu du courant pour essayer d'arrêter la pauvre Mme de Broc et la faire revenir à la surface; Hortense jette son châle à l'eau en le retenant par un des coins et en fait une corde de sauvetage, mais aucune main ne vient s'accrocher à ces engins de salut. Et le temps passe. On calcule avec effroi que, si l'on ne retire pas immédiatement la malheureuse, on ne pourra plus l'avoir vivante. On redouble d'efforts; le lit du bief est fouillé fébrilement à coups de perches, on est en sueur, on s'épuise, mais rien, toujours rien! On veut écarter la reine de cette scène poignante. « Non, dit-elle, *je ne quitte pas d'ici*[1] que l'on ait retrouvé son corps; j'y suis décidée. » Et, au désespoir, elle s'assied, impuissante à sauver son amie, activant cependant les recherches des travailleurs. De temps en temps, se refusant à croire qu'on pût trouver la mort dans un cours d'eau si resserré, l'espoir la reprenait, était-ce bien de l'espoir? et elle s'écriait : « Oh! qu'on la sauve! qu'on la sauve!... » Mais on ne la trouvait pas. Deux mortelles heures se passèrent. On ne luttait plus que pour retrouver le cadavre de celle qui tout

1. Ce sont les propres paroles de la reine, rapportées par Mlle Cochelet.

à l'heure était pleine de vie et de jeunesse. On détourne enfin les eaux, le niveau du bief s'abaisse et l'on découvre le corps de la malheureuse jeune femme accroché par la robe aux pointes de rochers sur lesquelles bondissaient les eaux écumeuses.

On ne pouvait espérer de rappeler cette morte à la vie. On le tenta cependant... M. d'Arjuzon, aidé de Mlle Cochelet, la porta, ruisselante d'eau, dans la voiture de la reine. Mlle Cochelet s'assit à côté de ce corps inerte et l'on rentra en ville au galop. Si pourtant il y avait encore quelque moyen de la rappeler à la vie? Les médecins et les sœurs de l'hôpital firent tout ce que la science et l'expérience ont appris pour rendre les noyés à la vie, mais l'asphyxie était complète. Tombée à l'eau presque en sortant de déjeuner, la malheureuse jeune femme avait dû être frappée immédiatement de congestion.

La reine Hortense était rentrée chez elle en chaise à porteurs. Elle n'espérait plus. Sa pauvre amie était restée trop longtemps sous l'eau. Malgré cela, elle faisait demander tous les quarts d'heure si l'on n'avait pas quelque espoir.

Ce triste accident, ce simple *fait-divers* pourtant, laissa Hortense dans une profonde douleur. Elle fit transporter le corps de cette infortunée, dont elle avait elle-même jadis arrangé le mariage, à Saint-Leu; on l'inhuma dans une chapelle de l'église.

Le reste de la saison fut lugubre. Pouvait-on être gai après un pareil malheur? Quand on voyait, à table, la place vide de celle qui n'était plus, pouvait-il y avoir de la joie?

Un effet du malheur, une conséquence de la perte d'un être cher, c'est de rappeler au sérieux de la vie ceux qui n'y songent pas; c'est de rappeler que la mort peut nous surprendre brutalement, d'un instant à l'autre. Aussi l'âme d'Hortense se tourna-t-elle, pendant le reste de son séjour à Aix, vers les choses graves et les idées pieuses. Elle alla voir les sœurs de charité qui avaient veillé le corps de son amie; elle y retourna, et ses conversations avec leur supérieure la transportèrent dans les régions élevées et sereines de la charité et du dévouement. Elle était enthousiasmée de ses bonnes sœurs. Elle disait : « Voilà la véritable vertu sur la terre! Et nous, orgueilleuses que nous sommes, si nous résistons à un mauvais sentiment, nous devenons toutes fières de nous-mêmes ».

La bonne Hortense oubliait, dans ces accès d'humilité, qu'il en est parmi nous, au contraire, qui sont fières de céder à leurs mauvais sentiments et se croiraient déshonorées d'en suivre un bon. Et elle ajoutait : « Nous ne sommes rien auprès de cette angélique abnégation de soi ».

Elle avait découvert la charité. Toute de premier mouvement, les idées pieuses ne la quittaient plus. Elle fonda un hôpital et y attacha, pour en faire le service, des sœurs de charité. Dans une pensée de délicat souvenir, elle voulut qu'un peu de bien fût fait même par la pauvre morte qu'elle pleurait. Pour cela, elle fit recueillir l'argent qu'on avait trouvé dans son secrétaire et dans ses poches et le donna à ses nouvelles amies les religieuses, en leur demandant d'en habiller les petites filles pauvres qui devaient faire leur première communion.

Enfin elle voulut rappeler, par un monument élevé sur le lieu même de l'accident, le souvenir de celle qui avait été sa compagne à la pension, son amie plus tard, et qui avait trouvé sous ses yeux une mort si affreuse. Elle chargea M. Finot, préfet du Mont-Blanc, de faire construire ce monument. Elle aurait bien pu, elle qui traçait de si beaux plans de son futur palais, faire celui du monument commémoratif. Elle se borna à en rédiger l'inscription, qui se ressent un peu de son « état d'âme ». La voici :

ICI
MADAME LA BARONNE DE BROC
AGÉE DE 25 ANS, A PÉRI
LE 10 JUIN 1813.
O vous,
qui visitez ces lieux
n'avancez qu'avec
prudence sur ces
abîmes !
Songez à ceux qui
vous
aiment

Plus tard Mme Mollien, se trouvant à Aix-les-Bains, visita ce monument qui n'est, en realité, qu'une petite colonne carrée, sorte de borne milliaire de la hauteur d'un homme. Elle y fit faire des réparations que le temps et l'humidité du lieu avaient rendues indispensables. Aujourd'hui cette colonne existe encore et est entretenue par la municipalité.

Enfin le premier chagrin s'apaisa ; il passa comme passent toutes les choses de ce monde, et la reine put recevoir les personnes qui, par sympathie, étaient venues s'inscrire chez elle. Lorsque le jour de la fête de l'empereur arriva, bien qu'elle eût déclaré ne pas avoir le courage de donner de réjouissances, elle offrit un banquet aux pauvres de la ville et des environs. On avait dressé une grande table de trois ou quatre cents couverts, en plein air. Les sœurs de l'hôpital faisaient le service et les convives avaient été invités à emporter, après le repas, les assiettes, couteaux, fourchettes, etc., dont ils s'étaient servis. On but à la santé de la reine. La musique jouait pendant le banquet et l'on parla longtemps, dans ces montagnes, de la bonté d'Hortense. Mais pourquoi la reine n'alla-t-elle pas s'asseoir au milieu de ses invités? La fête pour ces braves gens, pour elle aussi, eût été plus complète, et elle eût pu dire avec plus de justesse ces mots qu'on lui prête : « Si l'on peut, au milieu du chagrin, trouver encore des jouissances, c'est en faisant du bien aux autres[1] ».

Voilà de la bonne morale et du bon cœur : Hortense jusqu'ici ne nous y avait guère habitués ; il faut convenir cependant qu'elle se mit en frais de l'une et de l'autre. Mais il est regrettable que ces choses, qu'elle savait à l'occasion trouver en elle-même, n'aient pas été plus souvent la règle de sa conduite dans la vie. Outre ce qu'on peut et ce qu'on doit lui reprocher de méchants procédés pour son pauvre mari, sans parler de ses idées fort larges sur la fidélité qu'elle lui devait, les jouissances qu'elle se donna dans la vie furent bien plutôt celles de l'égoïsme et d'une ambition étroitement sceptique, absolument dégagée de certains liens du cœur, que celles qui ont leur source dans le bien qu'on fait. Elle ne se refusait pas complètement celles-ci, et, quand elle était sollicitée, elle aimait assez à obliger, mais surtout les personnes d'un rang élevé par leurs talents, leur naissance ou leur position sociale. La bonté, la bienveillance étaient certainement pour quelque chose en tout cela, mais la popularité que lui valaient ses démarches n'y entrait-elle point aussi pour une petite part? Ne cher-

1. Mlle Cochelet, *Mémoires*, p. 133.

Cliché Arch. Phot. Paris

Portrait en miniature de MARIE-LOUISE
par ISABEY

R. H. II — II

chait-elle point à l'emporter sur les sœurs de l'empereur avec lesquelles elle était en rivalité? C'est infiniment probable, et c'était bien dans son caractère. Chaque action d'Hortense avait toujours un mobile personnel caché, à côté de celui qu'elle faisait ou laissait voir. Enfin, le bien sortait de ses démarches, et c'était l'essentiel.

Mlle Cochelet lui attribue les démarches qui aboutirent à la mise en liberté de M. Elzéar de Sabran, frère de l'aimable Mme de Custine et fils de la célèbre Mme de Sabran qui épousa sur le tard le non moins célèbre chevalier de Boufflers. C'est là une erreur. M. de Sabran avait été enfermé à Vincennes, sans jugement, parce que la police avait intercepté une lettre qu'il écrivait à Mme de Staël, lettre où il ne faisait pas précisément l'éloge de l'empereur. C'est aux démarches du maréchal Oudinot, ami de Mme de Custine, que M. de Sabran dut de voir changer son emprisonnement en un exil à cinquante lieues de Paris[1].

La reine Hortense avait terminé sa cure thermale. Le docteur Lasserre, assuré maintenant que la poitrine n'était pas atteinte, jugea que des bains de mer contribueraient à donner des forces à sa malade. Il l'engagea donc à en aller prendre. Hortense s'y décida et partit pour Dieppe avec toute sa maisonnée.

En traversant Montbard, en Bourgogne, elle voulut visiter l'habitation de Buffon. Elle alla dans le belvédère où le grand naturaliste avait coutume de travailler et fut frappée de la triste monotonie du paysage. A côté des splendeurs de la Savoie, le contraste, en effet, était grand.

Les souverains savent que leurs paroles sont tou-

1. A. Bardoux, *Madame de Custine*, p. 199.

jours recueillies et qu'on les publiera tôt ou tard. Aussi, quand ils parlent, ont-ils plutôt l'air de s'adresser à la postérité qu'à ceux qui les écoutent et qui seront pourtant leurs porte-voix. Napoléon ne fut-il pas ainsi à Sainte-Hélène? Hortense, on l'a déjà vu en plus d'une occasion, ne parlait que *pour la galerie*; ses phrases étaient toujours mesurées, compassées, presque solennelles. « Le génie, crut-elle devoir dire dans le belvédère de Buffon, est une étincelle divine qui n'a sans doute besoin que de la vue du ciel pour se développer ; mais pour le commun des hommes, il faut, pour l'inspirer, la vue d'une terre belle de ses grandeurs, de ses magnificences et même de ses horreurs. Ce lieu me semble fait pour tuer toutes les imaginations. » Il y avait du vrai, dans la remarque d'Hortense, et Jouffroy, un peu plus tard, l'a faite aussi et développée avec une grande justesse d'observation ; mais ce lieu n'avait pas tué l'imagination chez Buffon puisque, dans les sciences naturelles, qui exigent autant de précision et d'observation expérimentale que les autres sciences, il suppléa souvent à l'observation par l'imagination.

Pour aller à Dieppe, il fallut passer par Paris. La reine s'arrêta quelques jours à Saint-Leu, prit ses enfants avec leur sous-gouvernante, Mme de Boucheporn, M. de Marmold et l'abbé Bertrand. Elle emmena aussi une dame du palais, Mme Harel, jeune femme hollandaise qui remplaça dès lors près d'elle cette pauvre Mme de Broc. Ainsi complétée, la caravane se remit en route.

L'habitation que la reine avait fait retenir était un petit château, assez éloigné de Dieppe, mais dans un air excellent, tout en haut de la falaise. Stanislas Girardin, alors préfet de la Seine-Inférieure, lui avait fait construire sur la grève un charmant pavillon en bois, qu'on avait pavoisé de drapeaux et de banderolles. Il contenait un salon, une chambre et un cabinet. C'est là qu'Hortense revêtait son costume de bain. Il était assez laid, par parenthèse, le costume de bain de la reine, avec sa couleur chocolat et son pantalon descendant pudiquement jusqu'au talon. Hortense avait en province une réputation, très justifiée du reste, de grande coquette. Ces sortes de femmes ont toujours eu le don d'exciter la curiosité publique. Dès qu'on sut, à Dieppe, qu'elle était arrivée, chacun voulut jouir du spectacle du bain de la reine. Mais le long costume chocolat désappointa les curieux. Deux vigoureux baigneurs portaient Hortense dans leurs bras, la plongeaient dans la vague et la rapportaient, tout courants, dans son pavillon. A vrai dire, c'était plutôt une douche qu'un bain. Elle ne put cependant en supporter l'excitante fatigue. Le docteur Lasserre prescrivit alors des bains de mer chauds, dont elle se trouva mieux.

Il n'est pas de bons bains de mer sans accompagnement d'excursions. La reine allait voir les environs de Dieppe, elle allait à Puys, elle allait dans la vallée d'Arques, visitait le château... Mais le temps se mit à la pluie, il fit même assez froid, et Hortense, qui n'aimait pas le froid, surtout au bord de la mer, voulut rentrer à Paris. On était au mois de septembre, il n'y avait plus à espérer un retour de chaleur, on partit.

La reine avait hâte de voir la nouvelle chambre qu'elle s'était fait construire. Les architectes, qu'on n'a jamais besoin d'encourager à la dépense, avaient démoli et reconstruit tout l'hôtel pour faire cette chambre. Hortense la trouva entièrement tendue de cachemire blanc avec de grandes franges d'or; les rideaux du lit, les rideaux des fenêtres étaient en mousseline de l'Inde brodée d'or. On admira, on vanta cette simplicité. Mais cette simplicité greva fortement le budget d'Hortense et contribua beaucoup à augmenter ses embarras d'argent. Avec ses deux millions de revenu, elle était toujours gênée. Elle était cependant contente de sa chambre, en attendant le palais si désiré. Mais le désastre de Leipzig vint jeter quelques inquiétudes dans son ordinaire placidité. Comme on commençait à redouter que la guerre ne fût bientôt portée sur le territoire français, elle craignit que sa propre tranquillité n'en fût troublée, et, en parfaite égoïste qui ne voyait que ses petites contrariétés au milieu des effroyables malheurs qui frappaient la patrie, elle dit : « Pourvu que les cosaques ne viennent pas me forcer à abandonner cette jolie chambre! » C'était tout ce qu'elle voyait dans l'invasion imminente. Pauvre femme, en vérité! Elle ne sera jamais qu'une grande enfant.

Le 1er janvier 1814 arriva, plus triste encore que le 1er janvier de l'année précédente. L'empereur était revenu à Paris après la bataille de Hanau et cherchait à faire sortir de nouvelles armées de ce sol généreux de la France que ses guerres continuelles avaient épuisé.

Malgré la misère des temps, malgré un avenir plus menaçant que jamais, les solennités officielles du 1er janvier s'accomplirent comme les autres années, et Hortense vint en grand habit de cour présenter ses souhaits à l'empereur; mais que de tristes déchirures dans ce manteau royal!... Comme les autres années aussi, Napoléon fit ses largesses et cadeaux accoutumés aux membres de sa famille et aux hommes dont il voulait récompenser les services ou raffermir la fidélité chancelante. Hortense, pour sa part, reçut « un déjeuner en porcelaine de Sèvres de cinq pièces, sur plateau fond beau bleu, sujets anacréontiques, par M. Parent, ayant coûté 5,675 francs[1] ». Ce prix était éloigné des cinquante mille francs qu'avait coûté la parure donnée l'année précédente par Joséphine à Hortense, mais en ces temps d'effroyables misères et de deuil national, c'était encore trop. Quand l'ennemi franchissait nos frontières sur tous les points, on n'aurait pas dû songer à des cadeaux.

Tandis que les Alliés violaient la neutralité de la Suisse, Louis, l'ex-roi de Hollande, quitta ce pays où il était allé pour être plus près du théâtre des événements, et vint à Paris. L'empereur le reçut froidement. Il se souvenait encore des embarras qu'il lui avait donnés et n'avait pu oublier les tentatives qu'il avait faites en 1813 pour recouvrer le trône de Hollande. Quant à Hortense, elle apprit par Mlle Cochelet la venue de son mari à Paris[2]; sa lectrice avait mis des ménagements à lui dire cette nouvelle. « J'en suis bien aise, aurait répondu Hortense; mon mari est bon Français, il le prouve en rentrant en France au moment où toute l'Europe se déclare contre elle. C'est un honnête homme, et, si nos caractères n'ont pu sympathiser, c'est que nous avions des défauts qui ne pouvaient aller ensemble. Moi j'ai eu trop d'orgueil, ajouta-t-elle naïvement; on me gâtait quand j'étais jeune, je croyais trop valoir peut-être, et le moyen, avec de pareilles dispositions, de vivre avec quelqu'un

1. H. Bouchot, *La Toilette à la cour de Napoléon*, p. 133.
2. Mlle Cochelet se trompe en disant que Louis vint à Paris dans les premiers jours de novembre 1813; il y arriva le 1er janvier 1814, après l'invasion de la Suisse par les Alliés.

qui est trop méfiant? Mais nos intérêts sont les mêmes, et il est digne de son caractère de venir se réunir à tous les Français pour aider de ses moyens la défense de son pays : c'est ainsi qu'il faut reconnaître tout ce que le peuple a fait pour notre famille[1] ».

« Je croyais trop valoir!... » Oui, Hortense croyait trop valoir; mais, une fois cet aveu échappé, il ne semble pas qu'elle ait changé l'opinion trop indulgente qu'elle avait d'elle-même. Quant à l'arrivée de son mari à Paris, elle se trompait en disant qu'il venait « aider de ses moyens la défense de son pays ». Si elle avait vu alors son pauvre mari, elle n'aurait pas dit cela. « Il était, a dit un témoin oculaire, dans un état déplorable et presque perclus de tous ses membres... Il vint à Paris avec l'espoir d'aller se confiner dans sa terre de Saint-Leu[2]... »

Hortense, qui n'aurait pas été enchantée de savoir ce désir de Louis — auquel, du reste, il ne put donner suite puisqu'il partit avec Marie-Louise, — Hortense ne vit pas son mari : ni d'un côté ni de l'autre on ne désirait se rencontrer. Mais elle vit l'empereur, la veille de son départ pour l'armée, à un dîner de famille, aux Tuileries. Elle ne devait plus le revoir que l'année suivante, à son retour de l'île d'Elbe.

L'empereur luttait pied à pied, avec quelques poignées de conscrits, contre toutes les forces de l'Europe. Le vice-roi d'Italie, frère d'Hortense, était alors à Milan. L'empereur l'y avait envoyé pour reconstituer l'armée italienne dont une partie était restée ensevelie sous les neiges de la Russie. Les lenteurs avec lesquelles se reformait cette armée firent craindre à

1. Mlle Cochelet, *Mémoires*, p. 166.
2. Méneval, *Mémoires*, t. III, p. 176-177

l'empereur qu'Eugène ne mît pas à cette œuvre toute l'ardeur nécessaire ; il redouta pour lui l'influence du roi de Bavière, son beau-père, qui l'excitait à se joindre à lui et aux autres souverains coalisés contre la France. De même que, dans son inquiétude, Napoléon fit écrire à Augereau par sa femme, à qui il envoya Joséphine faire visite, il demanda à Hortense d'écrire à son frère pour stimuler son zèle. Il avait déjà demandé une pareille démarche à Joséphine. Il fallait que sa défiance fût bien grande pour avoir recours aux femmes dans les ordres à transmettre à un militaire! Napoléon ne semble plus ordonner, mais mendier l'obéissance, et de qui? De son beau-fils, de celui qu'il a élevé jusqu'au trône! Mais sa confiance avait été ébranlée par les ennemis du prince, qui l'entouraient et incriminaient ses lenteurs.

Voici la lettre qu'Hortense écrivit à son frère :

Paris, 10 février 1814.

« Je t'envoie la lettre de l'empereur à l'impératrice et la réponse de notre mère ; je ne comprends rien à tout cela... Au reste, la paix se fait, car on en parle beaucoup : tout cela ne nous empêchera peut-être pas d'être pris à Paris ; mais tout cela sera décidé dans peu de jours. Ce qui prouve bien que l'empereur ne comptait pas sur toi pour venir en France, c'est que, d'après sa lettre, il dit ne t'avoir ordonné de quitter l'Italie que quand le roi de Naples lui déclarerait la guerre, et cette guerre à laquelle il devait bien s'attendre depuis longtemps, je parie qu'il s'est toujours fait illusion et ne l'a pas crue possible... Il est vrai qu'il est plus pénible de voir des torts à ceux qu'on a beaucoup aimés. Tes proclamations sont à merveille, et tu ne dois jamais envier ton voisin victorieux et puissant.

Tu vas te trouver dans un grand embarras... Suis ta tête; elle te fera mieux juger ce qu'il faut faire, étant de près, et je suis sûre que tu suivras toujours ton cœur en faisant ce qui sera le mieux pour servir l'empereur, et que lui-même ne pourra jamais en douter. Comme c'est là la seule récompense que tu attends, il serait pénible de ne pas l'obtenir. »

Cependant, on faisait partout de la charpie pour les blessés ; on en faisait à la Malmaison, on en fit aussi à l'hôtel de la rue Cérutti. Le soir, au lieu de dessiner ou de faire de la musique, on se réunissait autour de la grande table ronde, on mettait sur la table un des ballots de vieux linge qu'Hortense avait fait venir des maisons d'Ecouen et de Saint-Denis, et chacun s'amusait à convertir le tout en charpie ; cela rappelait le *parfilage* des salons du temps de Louis XV.

Jamais on n'eut tant besoin de charpie : sitôt faite, on l'envoyait sur les derrières de l'armée. Mais les Alliés s'approchaient de la capitale malgré les victoires qu'à force de génie Napoléon arrachait encore à la Fortune. Il était question de faire sortir l'impératrice de Paris. Hortense comprit tout ce que cette mesure, indépendamment du peu de courage qu'elle montrait, avait d'impolitique. Chez elle, il y avait un certain sentiment chevaleresque qui lui faisait entrevoir parfois ce qu'il y avait à faire dans des circonstances difficiles. Elle se dit que, si elle était l'impératrice, elle ne quitterait pas la ville au moment où elle était menacée de voir l'ennemi sous ses murs. Elle se rendit donc aux Tuileries — il faut louer cette démarche — et dit à l'impératrice : « Ma sœur, vous savez que, si vous quittez Paris, vous paralysez toute défense et vous perdez votre couronne... Ce serait en faire le sacrifice avec beaucoup de résignation. — Vous avez raison, répondit cette femme sans tête ni cœur, mais je dois obéir au conseil de régence ».

Rentrée chez elle, Hortense raconta sa visite à l'impératrice et ordonna de faire tous les préparatifs pour son propre départ. Elle retourna aux Tuileries après dîner : le conseil de régence avait décidé le départ de l'impératrice. Hortense revint à une heure du matin : « Je suis outrée, dit-elle, de tant de faiblesse; on perd à plaisir la France et l'empereur. On part!... C'est à ne pas croire! Ah! dans les grandes circonstances les femmes ont seules du courage. Je suis assurément parmi celles qui auront le moins à souffrir de la perte de toutes ces grandeurs, mais je suis indignée de voir si peu d'énergie quand il en faudrait tant!... » Et un éclat de rire nerveux, de pitié et de dégoût, termina ses justes récriminations.

— Mais que comptez-vous faire vous-même? demanda La Valette.

— Mais, répondit-elle, comme on nous laisse libres de nos actions et que je ne veux pas être prise sur une grande route, je reste. Je partagerai avec les Parisiens les chances bonnes ou mauvaises de la défense.

Hortense était en proie à une grande surexcitation; c'est ce qui la faisait si bien parler. Elle pensa ensuite à sa mère, dont la présence était inutile à la Malmaison, et lui écrivit pour l'engager à se rendre en toute hâte à Navarre. La lettre fut portée aussitôt par un piqueur.

La nuit fut agitée. La pauvre reine se demandait si elle ferait bien de rester à Paris; car, si la ville tombait au pouvoir de l'ennemi, elle serait — du moins elle le croyait — un otage précieux entre ses mains. Fallait-il risquer cette chance? D'un autre côté, son départ ne contribuerait-il pas, ainsi que celui de l'impératrice, à démoraliser les Parisiens? C'est au milieu de ces perplexités qu'elle parvint enfin à s'endormir.

A peine était-elle endormie, qu'un valet de pied vint frapper à la porte de son hôtel. Il apportait une lettre, pressée, disait-il, pour la reine. C'était de la part du roi Louis. Mlle Cochelet hésitait à réveiller Hortense : ce n'était qu'une lettre de son mari!... Elle la lui remit pourtant. La dépêche n'apprenait rien à la reine qu'elle ne sût déjà, la situation critique de Paris, la décision du conseil de régence, le départ de l'impératrice...

Il avait dû être assez désagréable à Louis de recommencer avec sa femme, qu'il avait refusé de voir à plus d'une reprise, une correspondance suspendue depuis si longtemps. Heureusement que la froide et cérémonieuse étiquette, avec son protocole qui se prête si bien à ne rien dire, était là pour le tirer d'affaire.

Hortense répondit qu'elle savait tout cela et se rendormit.

Une heure après, nouveau coup de sonnette, nouvelle lettre du roi. Cette fois, Louis demandait à sa femme quelles étaient ses intentions. Il lui mandait que, l'impératrice partant, elle ne pouvait, elle, rester avec ses enfants et que, quoiqu'il blâmât ce départ, on ne devait pas moins s'y soumettre.

Hortense écrivit un mot de réponse et se rendormit encore.

Il était presque jour lorsqu'un troisième message arriva. Louis confirmait sa seconde lettre et disait à sa femme que, tout bien examiné, il fallait qu'elle quittât Paris et suivît l'impératrice. Il l'informait en même temps qu'il enverrait chercher ses enfants, qu'il voulait les voir et les lui ferait ramener le jour même.

Fatiguée d'une nuit si interrompue (est-ce que son mari n'aurait pas pu attendre le jour pour renouer correspondance avec elle?), Hortense avait, le matin, une bien pauvre mine. Elle était levée cependant lorsque le jeune colonel de Labédoyère, à qui elle avait souvent témoigné de la bienveillance, se présenta : « Je viens, dit-il à Mlle Cochelet qui le reçut, offrir mes services à la reine. Elle n'a que peu d'hommes attachés à sa maison, ils sont âgés et peut-être n'auront-ils pas toute la fermeté que les circonstances exigent. Je m'offre pour l'escorter si elle doit quitter Paris. » La reine fut touchée de cette marque de dévouement; elle reçut le jeune officier et le remercia : « Je ne pouvais, dit-elle ensuite à sa lectrice, accepter ses services. Il appartient à une famille à laquelle notre départ doit donner les plus grandes espérances (M. de Labédoyère avait épousé Mlle de Chastellux); je n'ignore pas les vœux, le mouvement du faubourg Saint-Germain; je ne voulais pas nuire à M. de Labédoyère en lui faisant perdre les avantages qu'il peut retrouver en ne s'attachant pas à notre fortune. Je ne lui ai pas dit cela, mais je n'ai pas accepté. »

C'est une chose digne de remarque que cette idée bien arrêtée dans la famille impériale que, Paris tombé, l'Empire tombait aussi. Tel est le sort d'une dynastie nouvelle : si elle ne sait pas se maintenir par la liberté et le respect de la loi au dedans, par la paix au dehors, la guerre la condamne à la victoire à perpétuité. Comme la fortune, à la guerre, est changeante, l'Empire devait fatalement finir par être renversé. Les souverains d'Autriche, de Prusse avaient subi les plus graves désastres et avaient dû abandonner leur capitale : ils n'avaient pas été détrônés pour cela et, la paix faite, étaient rentrés dans leur palais au milieu de l'affection d'autant plus tendre de leurs peuples, qu'ils avaient été malheureux. Mais Napoléon ne régnait que par la force : vaincu, ses armées détruites, le peuple n'aspirait qu'à secouer son insupportable tyrannie. Hortense le sentait vaguement, elle avait cherché à le faire sentir à l'impératrice et ne pensait plus maintenant qu'à faire dire d'elle-même qu'elle acceptait avec dignité la fin de son existence éphémère de souveraine.

Le comte Regnault de Saint-Jean-d'Angély montra, en ces circonstances, un attachement sincère à la reine. Il était colonel de la garde nationale. Il ne put s'empêcher de venir dire à Hortense dans quel découragement le départ de l'impératrice et du roi de Rome jetait la garde nationale. Hortense lui répondit : « Je ne puis malheureusement les remplacer, mais je ne doute pas que, par une de ces manœuvres auxquelles il nous a habitués, l'empereur ne soit bientôt sous les murs de Paris. Il faut que la garde nationale tienne jusque-là. Si elle s'y engage — et vous pouvez beaucoup pour la déterminer — dites-lui que, de mon côté, je m'engage à rester à Paris avec mes enfants. »

A quel point de désorganisation était tombée cette garde nationale ! Un colonel en être réduit à prendre l'avis de ses hommes avant de leur commander un mouvement ! Et cela dans le pays qui, depuis un quart de siècle, était le plus militarisé du monde ! Et en face de l'ennemi ! Mais n'était-ce pas cet excès de militarisation et dix ans d'Empire qui avaient amené un tel énervement de tous les ressorts du pays?

A peine M. Regnault sortait-il de l'hôtel de la rue Cérutti, que les fils d'Hortense y rentraient. Ils avaient vu leur père, et leur gouvernante avait dit au roi Louis que tout, chez la reine, était prêt pour le départ, qu'on n'attendait plus que l'ordre de se mettre en route. Louis fut alors rassuré; il ne craignait rien tant que de voir ses enfants tomber entre les mains de l'ennemi. Et pourtant, juste au moment où il lui renvoyait ses enfants, Hortense venait de dire : « Je reste. » En réalité, elle allait d'une décision à une autre, ce qui n'était que le fait d'une extrême indécision. Le cœur lui saignait de voir abandonner Paris. Elle savait bien que la chute de Paris, c'était la chute de l'Empire ; elle savait que les Bourbons suivaient les armées alliées et prétendaient prendre possession de la France, qu'ils considéraient comme leur patrimoine de famille. Et alors, que deviendrait-elle, elle, belle-fille de « l'usurpateur », femme d'un autre « usurpateur », au milieu des revendications, des rancunes et des haines qui escorteraient ces revenants? Oh! tout, plutôt que de déchoir! La lutte, la lutte à outrance! « L'empereur va venir, disait-elle, il est impossible qu'il ne vienne pas. Si l'on quitte Paris, il faudra donc que lui et l'armée française viennent se faire tuer sous ses murs pour reprendre la ville? Il est facile de la garder, il sera difficile de la reprendre. Avec un peu de courage, on peut tenir le temps nécessaire... » Si jamais Hortense a justifié, malgré ses indécisions, le mot qu'on a dit d'elle : « Napoléon tombé, il n'y avait plus qu'un homme dans la famille Bonaparte, et cet homme était Hortense », si jamais elle a justifié ce mot, c'est en ces cruelles heures.

M. Regnault fit connaître, autant qu'il le put, les

viriles paroles de la reine ; mais la garde nationale, malgré des bonnes volontés qu'on ne sut ni grouper, ni suffisamment utiliser, était convaincue que Paris ne pourrait pas tenir et ne dissimulait pas son découragement. Il revint, le soir, trouver Hortense.

— Mais c'est impossible! s'écria la reine. Il faut que Paris soit défendu. Il faut qu'il tienne jusqu'à l'arrivée de l'empereur!

— Madame, croyez-moi, c'est impossible. Partez sur-le-champ. L'ennemi est tout près et occupe en force les routes principales. Peut-être même ne pourrez-vous plus passer.

Hortense ne pouvait se résoudre à quitter Paris. Elle se promenait avec agitation dans sa chambre, revenant toujours à cette idée qu'avec de la bonne volonté Paris pourrait tenir jusqu'à l'arrivée de l'empereur. Mais c'est cette bonne volonté qui manquait : les énergies étaient usées et n'étaient plus capables de l'effort suprême qui repousse l'envahisseur : vingt-deux ans de guerres continuelles les avaient affaissées. Hortense était de plus en plus indécise. Elle espérait, contre toute vraisemblance, dans une intervention impossible de la Fortune, lorsqu'un message de son mari lui parvint. Louis avait appris, au moment de monter en voiture, que sa femme n'était pas encore partie; il la pressait de se mettre en route ; il ajoutait que, si elle voulait rester, il la laissait libre, mais qu'il n'entendait pas que ses fils fussent exposés à devenir des otages entre les mains de l'ennemi, qu'en conséquence il demandait qu'elle les lui envoyât sur-le-champ.

Cette lettre la décida. « Partons, dit-elle, et faites connaître au roi que je pars à l'instant avec mes enfants. »

Il était neuf heures du soir lorsque la reine se mit en route. Le convoi était composé de quatre voitures. Elle était dans la première avec ses deux enfants; M. et Mme d'Arjuzon, Mme de Mailly, sous-gouvernante des princes et la nourrice du plus jeune des deux, étaient dans la seconde voiture; dans la troisième, Mlle Cochelet, portant les bijoux et diamants de sa maîtresse, et une femme de chambre; la quatrième voiture emmenait les autres femmes de service.

On prit la route de Versailles. Vers minuit, l'on arrivait à Glatigny, où l'on devait passer la nuit. On y coucha, dans la maison de Mme Doumerc. Tout le monde dormait lorsque le bruit du canon fit sauter chacun à bas du lit : les alliés attaquaient Paris !

Mlle Cochelet entra dans la chambre de la reine. Elle la trouva s'habillant toute seule. « Madame, lui dit-elle, il faut partir sur-le-champ... — Oui, répondit Hortense, nous ne pouvons rester plus longtemps dans une maison particulière, à portée de l'ennemi. Mais je ne voudrais pas m'éloigner sans connaître le résultat du combat engagé : si Paris repoussait l'ennemi?... Allons à Trianon ; là, nous pourrons recevoir les nouvelles. Le général Préval commande à Versailles. Qu'on lui fasse savoir que je vais à Trianon et qu'il nous donne des troupes pour veiller à notre sûreté ! »

On n'avait pas assez de soldats pour combattre, et Hortense songeait à s'en faire donner pour sa sûreté ! Que n'allait-elle se mettre hors de la portée de l'ennemi? Sa présence était-elle donc si utile à la défense ? Et, en ce moment, devait-on penser à autre chose qu'à la défense?

Enfin, Hortense monta en voiture avec sa suite et fut bientôt à Trianon. Pendant le chemin, elle faisait entendre des lamentations sur son malheureux sort, espérait pourtant que le général Préval saurait empêcher les coureurs ennemis de venir à Versailles, qu'on ne l'enlèverait pas avec ses voitures, puis elle parlait de résignation.

A Trianon, elle reçut la visite du général Préval. Elle était dans le jardin. Le temps était beau, on entendait distinctement le canon de la bataille. Le général ne lui dissimula pas qu'il n'avait aucune confiance et se retira en promettant de lui communiquer les nouvelles.

Tout à coup, le canon cessa de se faire entendre. L'inquiétude alors fut plus grande. L'ennemi était-il repoussé? Les Parisiens avaient-ils cédé?... Et toujours pas de nouvelles! Malgré tout, Hortense laissa voir quelque satisfaction. « On ne se bat plus, dit-elle, tant mieux; n'importe ce qui est arrivé, nous pouvons respirer puisqu'il n'y a plus à craindre de voir tuer nos chers Parisiens. »

Assurément, à moins d'être un monstre, chacun devait éprouver un soulagement en voyant que la mort avait interrompu sa sinistre cueillette de vies humaines. Mais Hortense a-t-elle bien dit les paroles que lui prête sa très dévouée lectrice? Il ne faut pas oublier que les *Mémoires* de Mlle Cochelet ont été publiés dans les premières années du gouvernement de Juillet, et qu'ils avaient une arrière-pensée, celle d'appeler la sympathie du public sur Hortense, puis sur son fils, et de préparer l'opinion à la candidature du prince Louis au trône impérial. C'est une chose qu'il ne faut pas plus perdre de vue, quand on lit les écrits de Mlle Cochelet, que son aveugle admiration pour sa maîtresse.

Enfin un sous-officier, envoyé par le général Pré-

Cliché Tallandier

Vue du Belvédère de SAINT LEU
d'après un dessin de CONSTANT BOURGEOIS

val, vint dire à la reine qu'il n'y avait plus de sécurité pour elle à demeurer plus longtemps à Trianon, et que le général l'engageait à partir au plus tôt.

— Qu'on fasse approcher les voitures, dit alors Hortense, et partons.

On lui fit observer que ses gens, malgré les ordres donnés, étaient presque tous allés à Versailles, dans la pensée qu'elle passerait la nuit à Trianon.

— Eh bien, dit-elle, partons sans eux; ils nous rejoindront. Il faut coucher ce soir à Rambouillet.

On obéit. Les roues des voitures crièrent sur le sable et l'on fut bientôt sur la grande route. On la trouva encombrée de véhicules de toute sorte : charrettes garnies de matelas et de pauvres meubles, quelques vieillards et enfants blottis au milieu de cette misère, et des femmes, l'air morne, conduisant ces épaves, signes certains des plus grandes catastrophes; voitures armoriées, calèches, berlines de voyage, tout cela bondé de monde, de malles, de paquets, s'écoulait par la grande route, au pas, un pas d'enterrement, au milieu d'un murmure confus de voix, de pas de chevaux, de claquements de fouets, de grelots... Ecoutons le récit d'un témoin oculaire qui vit ce lamentable spectacle, cette vraie débâcle, d'une fenêtre de la rue de l'Orangerie, à Versailles. « Un bruit incessant et confus annonça, durant toute la nuit, le passage d'un grand nombre d'hommes, de chevaux et de voitures, et bientôt le jour éclaira le plus étonnant spectacle que l'on ait jamais pu avoir sous les yeux. Il nous fixa immobiles à nos croisées; ce que nous voyions passer, c'était l'Empire! l'Empire, qui s'en allait avec ses pompes et ses splendeurs; c'étaient les ministres, tous dans leurs carrosses à six chevaux, emportant avec leur portefeuille, femme, enfants, bijoux, livrée; c'était le Conseil d'Etat tout entier, les archives, les diamants de la couronne, les administrations, etc. Et ces parcelles de pouvoir et de magnificence étaient entremêlées, sur la route, de pauvres ménages ayant entassé sur une charrette tout ce qu'ils avaient pu enlever des maisons abandonnées par eux au pillage présumé qui allait fondre sur la contrée[1]. »

Les voitures de la reine Hortense entrèrent dans le flot vivant qui roulait toutes ces épaves, vers Rambouillet. On arriva enfin en cette ville et l'on prit asile au château.

Il était tard, très tard. Le roi Joseph, le roi Louis, le roi Jérôme, tous ces pauvres rois découronnés étaient là, au château, occupés à souper et se disposant à reprendre leur fuite. Hortense arriva près d'eux. Elle revit son mari qu'elle n'avait pas vu depuis la Hollande, depuis quatre ans. L'entrevue fut fraîche. On ne lui offrit même pas de se mettre à table. Mlle Cochelet, dans ses *Mémoires*, s'en étonne : quand on sait la conduite d'Hortense depuis qu'elle avait quitté son mari, — et les trois frères la connaissaient, tout au moins en partie — il n'y a pas à s'étonner qu'ils ne lui aient pas fait d'amabilités. On la mit au courant des événements, on lui dit la capitulation de Paris et on l'engagea à ne pas s'attarder à Rambouillet si elle ne voulait être enlevée : on disait les cosaques tout près !

Mais comment faire pour repartir? Il n'y avait plus de chevaux! Si Hortense n'avait rien eu à se reprocher, son mari, ses beaux-frères lui eussent certai-

1. Duchesse de Reggio, *Souvenirs de guerre et de foyer*, p. 307.

nement offert les leurs; mais il y avait évidemment entre eux un fossé infranchissable puisque, de son côté, elle n'osa pas les demander. Tandis que, retirée dans l'appartement où dormaient ses enfants, la reine se demandait si elle ne devait pas se coucher et prendre un repos bien nécessaire, elle reçut par un officier, un billet de son mari lui donnant rendez-vous à Blois. Hortense, qui avait sur le cœur le peu d'égards qu'on lui avait témoigné, crut voir ou plutôt voulut voir une nouvelle persécution dans ce billet. « Est-il possible, s'écria-t-elle, qu'au milieu de si cruels événements j'aie encore à redouter des persécutions particulières au lieu de l'intérêt et de la protection que j'aurais droit d'attendre ! » Elle se trompait, et intentionnellement, pour tromper sa demoiselle de compagnie, en disant qu'elle avait « droit à de l'intérêt et de la protection »; elle savait mieux que personne qu'elle n'y avait plus « droit » si ce n'est chez M. de Flahaut, etc. Aussi n'insista-t-elle point. Mais l'esprit de révolte venant se joindre à son naturel esprit de contradiction, elle s'écria : « J'allais à Blois; mais puisque mon mari veut que j'y aille, eh bien! je vais me rendre près de ma mère, à Navarre. » Et elle écrivit à son mari, à l'impératrice Marie-Louise et enfin à l'empereur pour justifier sa conduite. Après quoi, fatiguée, elle se coucha.

Mlle Cochelet venait de se coucher aussi, quand on frappa violemment à sa porte. Elle se leva et, à moitié vêtue, reçut les visiteurs. C'était la duchesse de Raguse et la duchesse de Reggio, qui venaient de s'arracher à grand'peine du milieu de l'affreux pêle-mêle de chevaux et de voitures qui encombraient Rambouillet, et, sous la conduite de M. de Sainte-Aulaire, venaient au château, dans l'espérance d'y trouver un asile. Mlle Cochelet, qui avait pris fait et cause pour sa maîtresse et ne cherchait pas à pénétrer les motifs du froid accueil qu'elle venait de lui voir faire par son mari et ses beaux-frères — peut-être ne les connaissait-elle que trop bien — trouva l'occasion trop belle pour ne point exprimer son indignation de ce que ces hommes laissaient une pauvre femme sans protection en ces moments difficiles. Elle jetait les hauts cris et ne tarissait pas sur tant d'égoïsme, de lâcheté. Comme elle ne pouvait se permettre d'attaquer le mari de la reine, elle tombait sur le roi Joseph : « Le croiriez-vous, disait-elle à la duchesse de Reggio, il est venu tranquillement souper ici. Souper, après une telle journée ! »

Hortense reçut ces visiteuses. « Moins expansive que Mlle Cochelet, a dit la duchesse de Reggio, elle laissait cependant deviner toutes ses craintes, les amertumes et les reproches de son cœur. » Chacune, d'ailleurs, faisait ses lamentations et les deux maréchales ne restaient pas, sur ce chapitre, au-dessous de la reine et de sa lectrice. Ce qu'il y a de curieux, c'est que ces dames, dans leurs *Mémoires*, s'accusent réciproquement d'avoir poussé les hauts cris. Il est probable qu'aucune ne s'en priva ; — cela soulage les femmes dans les circonstances graves —, mais chacune oublia ses propres cris pour ne se souvenir que de ceux des autres[1].

La reine Hortense, en quittant Rambouillet, s'était, comme elle l'avait dit, acheminée sur Navarre, près d'Evreux. Elle y arriva le 2 avril. Là aussi, tout était dans le plus grand désarroi. La duchesse de Bas-

1. Voir duchesse DE REGGIO, *Souvenirs de guerre et de foyer*, p. 309-310 ; Mlle COCHELET, *Mémoires*, p. 246.

sano, se rendant à Alençon, s'y était arrêtée avec ses enfants et ses sœurs. Mme Mollien, qui avait accompagné Marie-Louise jusqu'à Blois, y arriva également. D'autres personnes vinrent aussi sans être attendues.

Hortense mit sa mère au courant de tous les grands événements qui venaient de se passer et dont on ne lui avait dit qu'une partie. Elle-même ne savait pas tout. Elle n'allait pas tarder à connaître la fin du drame.

Tout le monde, à Navarre, était plongé dans un profond sommeil, à la suite de tant de fatigues et de tant d'émotions, lorsqu'au milieu de la nuit, on entend tout à coup le roulement d'une voiture dans l'avenue, les claquements de fouet des postillons, enfin le bruit des sabots des chevaux sur le pavé de la cour. Au bout de quelques minutes, on vient frapper à la porte de l'impératrice Joséphine. C'était M. Adolphe de Maussion, auditeur au Conseil d'Etat, attaché en cette qualité à M. le duc de Bassano, le laborieux et fidèle commis de l'empereur. Il courait après la duchesse de Bassano pour lui porter les nouvelles et lui dire les grands bouleversements que la guerre et la politique avaient amenés : la capitulation de Paris, l'abdication de l'empereur, le retour des Bourbons.

L'impératrice s'était levée et avait passé à la hâte un peignoir. M. de Maussion lui fit part des événements qui venaient de s'accomplir. Le trouble dans lequel elle était ne lui permettait pas de saisir le sens de ce qu'on lui disait; elle entendait des mots et ne les comprenait pas : mais elle comprenait qu'on lui annonçait de grands malheurs. Ceux qu'elle savait déjà auraient dû cependant lui en faire prévoir d'autres. Enfin, elle prit un bougeoir, invita M. de Maussion à la suivre, traversa la cour qui séparait du bâtiment principal le pavillon où était descendue Hortense et introduisit le jeune auditeur chez la reine. Celle-ci, qui avait été réveillée par le bruit de la voiture roulant sur le pavé, s'était levée et attendait avec impatience les nouvelles. Sa mère était incapable de les lui dire. M. de Maussion lui refit alors son récit.

Joséphine pleurait. Elle enviait, a-t-on dit, le sort de Marie-Louise qui, elle, pourrait aller à l'île d'Elbe partager l'exil de Napoléon. Généreusement émue d'entendre sa mère exprimer une aussi noble pensée, Hortense déclara que, n'étant pas tenue, devant Marie-Louise, à la même réserve que sa mère, elle irait auprès de l'empereur, dans quelque prison qu'il plût à ses ennemis de l'envoyer, et s'y enfermerait avec lui. La mère et la fille confondirent leurs larmes, que tant de générosité ne pouvait manquer de provoquer, et, ce moment d'exaltation passé, on oublia tous ces beaux sentiments.

On fit promettre à M. de Maussion de rester déjeuner le lendemain à Navarre, puis, au moment de se recoucher, Hortense dit à sa lectrice qu'elle avait le projet de vendre ses diamants, de se retirer à la Martinique, d'y vivre simplement et ignorée et d'y élever elle-même ses enfants. C'était changer bien vite de résolution, et elle devait en changer encore plus d'une fois en peu de jours. Mais, comme par le passé, on retrouve chez Hortense, à côté de sa versatilité, un certain côté théâtral : n'a-t-elle pas été bonne comédienne ? elle met en scène de beaux sentiments, bribes retenues des tragédies classiques qu'elle a tant de fois vues jouer ; elle pose pour la femme aux sentiments antiques, mais, au fond elle est de ces femmes qui tiennent moins à *être* qu'à *paraître* et, sa tirade finie, elle retombe dans son apathie ordinaire.

Le lendemain fut un jour de tristesse et de résignation. Il fallait se soumettre aux événements. Un morne silence régnait dans tout le château; chacun se préparait au départ. L'impératrice Joséphine avait dû licencier sa cour et Hortense, de son côté, avait licencié sa maison d'honneur. L'une et l'autre gardèrent cependant auprès d'elles quelques personnes qui leur étaient plus particulièrement attachées.

Cependant la reine Hortense, qui avait appris que son hôtel de la rue Cérutti était occupé par les officiers de l'état-major du roi de Suède, envoya Mlle Cochelet à Paris pour veiller, disait-elle, à ce que tout y fût, autant que possible, respecté, — en réalité pour qu'elle fût son *homme d'affaires* auprès des Alliés, et défendît ses intérêts.

Mlle Cochelet trouva que les officiers suédois s'étaient comportés, chez la reine, avec la plus grande discrétion; ils avaient même eu la délicatesse de ne point occuper son appartement. Quelques livres de la bibliothèque avaient seuls disparu; les étrangers les avaient sans doute voulu emporter comme souvenirs de leur séjour à Paris. Mais ce n'était pas pour constater ces vétilles qui, du reste, avaient été mandées à la reine, que Mlle Cochelet était venue à Paris. Elle avait, en des temps plus heureux, connu M. de Nesselrode; le rencontrant dans les nombreuses fêtes de l'époque, elle s'était liée d'amitié avec lui. Elle alla le voir dès son arrivée. Ce ministre de l'empereur Alexandre lui témoigna, pour Hortense, le plus vif intérêt; il lui dit que la reine pouvait rentrer à Paris; que, loin de déplaire, son retour serait bien vu des souverains alliés; qu'il était même utile qu'elle revînt pour la défense de ses intérêts, et que, d'ailleurs, tout le monde était bien disposé pour elle.

Ces choses furent aussitôt mandées à la reine par sa fidèle secrétaire.

Si Hortense s'efforçait, en parlant, de ne dire que des choses qui, répétées, pussent faire honneur à son esprit et à son cœur, à plus forte raison ses lettres, qu'elle savait devoir être imprimées plus tard, étaient fort étudiées; pour y découvrir ses vrais sentiments, il faut les chercher entre les lignes. Elle répondit, courrier par courrier, une lettre pleine de désintéressement : sa lectrice avoue qu'elle n'en revenait pas de voir un pareil détachement des choses de ce monde. Au reste, voici cette lettre, que Mlle Cochelet a reproduite dans ses *Mémoires :*

« Ma chère Louise, tout le monde m'écrit ainsi que toi, pour me dire : Que voulez-vous ? Que demandez-vous ? A tous je réponds : Rien du tout. Que puis-je désirer ? Mon sort n'est-il pas fixé ? Et lorsqu'on a la force de prendre un grand parti et qu'on a pu envisager de sang-froid le voyage des Indes ou de l'Amérique, il est inutile de rien demander à personne. Je t'en prie, ne fais aucune démarche que je pourrais désapprouver : je sais que tu m'aimes, et cela pourrait t'entraîner; mais, réellement, je ne suis personnellement pas trop à plaindre. J'ai tant souffert au milieu des grandeurs ! Je vais peut-être connaître la tranquillité et la trouver préférable à tout ce brillant agité qui m'entourait. Je ne crois pas pouvoir rester en France : le vif intérêt qu'on m'y montre pourrait par la suite donner de l'ombrage. Cette idée est accablante, je le sens; mais je ne veux causer d'inquié-

Cliché Braun

EUGÈNE de BEAUHARNAIS
d'après un tableau de H. SCHEFFER

R. H. II — IV

tude à personne. Mon frère sera heureux, ma mère doit conserver sa patrie et ses biens, et moi j'irai loin avec mes enfants; et puisque la vie, la fortune de ceux que j'aime est assurée, je puis toujours supporter le malheur qui ne touche que mon existence et non pas mon cœur. Je suis encore toute troublée du sort que l'on destine à l'empereur Napoléon et à sa famille. Est-il vrai? Tout est-il arrêté? Donne-m'en des détails.

« Si je n'étais venue près de ma mère, je suis sûre que je n'aurais pas pu m'éloigner d'eux dans ces moments malheureux. Ah! j'espère qu'on ne me redemandera pas mes enfants, c'est alors que je n'aurais plus de courage! Elevés par mes soins, ils se trouveront heureux dans toutes les positions. Je leur apprendrai à être dignes de la bonne et de la mauvaise fortune et à mettre leur bonheur dans la satisfaction de soi-même : cela vaut bien des couronnes. Ils se portent bien, voilà mon bonheur à moi. Remercie beaucoup M. de Nesselrode de tout son intérêt. Je t'assure qu'il est des positions qu'on appelle avec raison malheureuses, et qui ne sont pas sans charmes, ce sont celles qui nous mettent à même de juger des véritables sentiments qu'on nous porte. Je jouis de l'affection que tu me portes, et il me sera toujours doux de t'assurer de toute celle que je t'ai vouée.

« HORTENSE.

« Navarre, le 9 avril 1814. »

Cette lettre, écrite à Mlle Cochelet moins d'une semaine après son départ de Navarre, est bien une lettre d'affaires : Hortense avait-elle donc le besoin d'envoyer toutes ces tendresses à sa lectrice, après quelques jours seulement de séparation? Au milieu de toutes les fleurs du sentiment, voici une chose qui prouve qu'il ne s'agit en somme que d'affaires : « *Ne fais*, dit-elle, *aucune démarche que je pourrais désapprouver.* » Elle tient à demeurer étrangère à toutes les démarches qu'elle fait faire, quitte à avoir l'air, plus tard, d'être obligée d'accepter les avantages qu'elle fait solliciter auprès des souverains alliés. « *Remercie beaucoup M. de Nesselrode de tout son intérêt* » est plutôt dit pour encourager Mlle Cochelet que pour l'engager à cesser toute démarche. Cette lettre n'est pas sincère ; elle est *pour la galerie*. La vérité prend un langage plus net et n'est pas si entortillée de grandes phrases mielleuses. De plus, Hortense ne dit pas la verité : « *... je n'aurais pas pu m'éloigner des Bonaparte dans ces moments malheureux.* » Eh ! qu'a-t-elle donc fait à Rambouillet ? Pourquoi ne les a-t-elle pas suivis à Blois ? Les moments n'étaient donc pas malheureux alors ?... Non, tout cela, c'est de la comédie. Hortense ne pense plus qu'à ses intérêts : elle a renoncé à l'idée d'aller à l'île d'Elbe, elle a renoncé à aller à la Martinique : elle dit que tout le monde lui écrit : « Que voulez-vous, que demandez-vous ? » Elle a beau répondre : « *Rien du tout !* », elle veut, et elle demande elle aussi, mais sous main, sa part du gâteau. Elle *lâche* les Bonaparte et se fait royaliste. Cette lettre, sous son apparente résignation philosophique, sue la trahison.

Lucien Bonaparte a attribué le royalisme subit de sa belle-sœur à l'humiliation d'amour-propre qu'elle avait cruellement ressentie lorsque Napoléon l'obligea à porter la queue de la robe de Marie-Louise, de celle qui remplaçait sa mère sur son trône et dans le lit de César : « N'est-il pas permis de supposer, dit-il, que la mémoire de ces outrages à sa mère, sans parler de l'espèce de défaveur où tomba Hortense à la cour de la nouvelle impératrice, fut ce qui la porta à solliciter et obtenir de la branche aînée des Bourbons, à l'époque de la première Restauration, le titre de duchesse de Saint-Leu ? Que Dieu pardonne à cette pauvre Hortense ce manque de cœur, si ce n'est cette aberration d'esprit dont je fus témoin pendant les Cent-Jours, que mon frère Napoléon lui portait moins de rancune que je n'en éprouvai moi-même de dégoût...[1] »

Hortense, en ce moment, ne se souvient plus beaucoup des humiliations que lui ont données le divorce et le second mariage de Napoléon. Une idée la domine, celle de se faire assurer « un sort » par les Alliés ; ce « sort » elle le veut le plus beau possible, elle rêve peut-être d'une principauté, comme celle qu'on va promettre à Eugène, mais elle veut qu'on la lui offre, et, surtout, elle ne veut pas qu'on sache qu'elle fait la moindre démarche auprès des Alliés ; elle en sent, vaguement l'inconvenance ; cela ne l'empêche pas de la faire faire : « Qu'est-ce que cela fait, se dit-elle avec sa morale facile, puisque les Français ne le sauront pas. » C'est là toute Hortense : afficher de beaux sentiments, l'esprit du devoir, l'abnégation — et mettre ses actes en contradiction complète avec les principes qu'elle affiche. Quand elle sera déçue des espérances que la Restauration fait naître follement en elle, qu'elle verra que ses bassesses ne parviennent pas à empêcher Louis XVIII de rendre au prince de Condé une partie des bois de Saint-Leu, sa propriété avant l'émigration ; quand elle verra que le gouvernement royal, par ses sottises, court à sa perte, qu'une crise est imminente, elle poussera de tout son pouvoir à la

1. Th. Iung, *Lucien Bonaparte et ses Mémoires*, t. II, p. 164.

roue pour amener plus tôt la chute des Bourbons — non pas ouvertement, non pas franchement, mais dans l'ombre et en stimulant, dans son salon, le zèle de ses amis. Franchement, est-ce là un beau caractère?

Dès que Mlle Cochelet reçut la lettre d'Hortense qu'on vient de lire, elle l'envoya à M. de Nesselrode. Cette soubrette est fière de son amitié avec cet étranger et s'étend avec une vaniteuse complaisance sur les égards que ce personnage a pour elle; cela la grandit à ses propres yeux. M. de Nesselrode l'assure de nouveau de ses bonnes dispositions pour Hortense, de celles des Alliés, de celles de M. de Talleyrand, cet être méprisable qui dit : « Je plaide pour la reine Hortense, c'est la seule que j'estime », de celles du duc de Dalberg, qui dit : « On regarde la reine Hortense comme étrangère à la famille Bonaparte, puisqu'elle est séparée de son mari. » Et Mlle Cochelet, heureuse de tant de belles paroles, écrit à sa patronne : « On a presque l'air d'être content de vos malheurs, pour faire ressortir votre personne et l'on dit : « Elle vaut bien mieux par elle-même qu'entourée de tout le clinquant d'une cour[1] ». Elle termine en l'engageant à revenir à Paris et dit que c'est aussi l'avis de M. de Lavalette et du duc de Vicence.

Mlle Cochelet tenait à convaincre Hortense de la nécessité de revenir au plus tôt à Paris. Elle croyait sa présence indispensable pour obtenir, comme les princes alliés, une part des dépouilles de la France. Pour la décider, elle osait lui dire qu'on la regardait comme étrangère à la famille Bonaparte!... Assurément, cela manquait de dignité; de logique aussi, car alors, à quel titre ses bons amis les ennemis lui

1. Mlle Cochelet, *Mémoires*, p. 288.

feraient-ils des largesses? Enfin, pour achever de la décider, elle la touchait à l'endroit sensible : comme elle savait qu'Hortense voulait être estimée pour elle-même, c'est-à-dire pour ses *talents*, pour sa *supériorité*, elle lui disait ce que lui avait peut-être dit Nesselrode : « Elle vaut mieux par elle-même qu'entourée de tout le clinquant d'une cour. »

Hortense cependant lui répond :

« Ma chère Louise, tu es affligée de ma résolution! Vous me taxez tous d'enfantillage! Vous êtes injustes. Le conseil du duc de Vicence peut être suivi par ma mère, elle ira donc à la Malmaison; mais moi, je reste, je n'ai que de trop bonnes raisons, je ne dois pas séparer ma cause de celle de mes enfants. C'est eux, c'est leurs parents qui sont sacrifiés dans tout ce qui se fait; je ne veux donc pas me rapprocher de ceux qui renversent leur destinée. »

En cela, Hortense voit parfaitement juste et a raison; elle oublie cependant un peu trop sa patrie. Elle poursuit :

« Plus je sais supporter avec calme ces coups de la fortune qui changent mon existence pour la rendre peut-être plus tranquille, moins je dois montrer cette impression qui m'est trop personnelle. Je dois être vivement affligée de notre si grande infortune, et je veux le paraître sans me rapprocher de ceux qui me verraient en suppliante quand je ne veux rien leur demander. Je ne doute pas que l'empereur de Russie ne soit excellent pour moi; j'en ai entendu dire beaucoup de bien, même par l'empereur Napoléon; mais si j'avais été autrefois curieuse de le connaître, dans ce moment je ne veux pas le voir; n'est-ce pas notre vainqueur? »

A la bonne heure! Voilà qui est bien pensé. Mais

tout cela est de commande; c'est pour la galerie, pour la montre. Dans les premières lignes, d'ailleurs, Hortense ne s'occupe-t-elle pas surtout de l'opinion qu'elle veut qu'on ait d'elle? « Je dois montrer... Je dois être affligée et je veux le paraître... » Que n'est-elle donc tout cela au lieu de vouloir le paraître!... Si elle continue à ne pas vouloir entrer en scène et se mêler à la foule des quémandeurs, c'est qu'elle compte toujours sur Mlle Cochelet pour lui arranger ses affaires au mieux, avec l'appui de M. de Nesselrode. Quant à sa phrase sur l'empereur Alexandre, elle est fort habile, mais la finesse est pourtant cousue de fil blanc. Elle le flatte. Ne sait-elle pas que Mlle Cochelet donnera cette lettre à M. de Nesselrode et que celui-ci la mettra sous les yeux de son maître. C'est de la comédie.

Elle continue :

« Tous tes amis, quoi qu'ils en disent, sauront approuver ma résolution. La retraite, le calme, voilà ce qui me convient : *quant tu auras assez vu tes amis*, tu viendras me rejoindre; j'irai peut-être aux eaux, car je souffre beaucoup de la poitrine. Je ne sais pas si c'est l'air de Navarre, mais depuis que j'y suis, je ne puis pas respirer. On veut croire ici que cela vient des émotions causées par ces grands événements; on se trompe, la mort nous a épargnés tous, et la perte d'une position brillante n'est pas ce qui afflige beaucoup la vie; d'ailleurs, personnellement, quel est le bonheur que je perds? *Mon frère sera bien traité*, je l'espère, et il ne s'exposera plus. Il doit être inquiet de nous; je n'ose lui écrire, mes lettres n'arriveraient pas; si tu en trouvais l'occasion, profite-s-en pour lui dire que nous ne sommes plus environnées de dangers. Adieu, je te recommande encore de ne pas te remuer pour moi, *et pourtant j'aime à y compter*. Mes enfants se portent bien ; ma mère combat tous mes projets, elle me dit avoir besoin de moi, mais je n'en irai pas moins près de celle qui doit encore être la plus malheureuse.

« HORTENSE.

« Navarre, le 12 avril 1814 ».

Ce qui prouverait encore que la reine a envoyé Mlle Cochelet à Paris pour qu'elle lui obtienne des avantages sans qu'elle-même paraisse en scène, ce sont ces mots : « *Quand tu auras assez vu tes amis, tu viendras me rejoindre... Je te recommande de ne pas te remuer pour moi, et pourtant j'aime à y compter.* » Et puis, entre ces deux phrases, elle dit : « *Mon frère sera bien traité, je l'espère...* » Cela ne montre-t-il pas qu'elle n'a en ce moment dans la tête que le règlement de ses intérêts? Elle parle même de sa santé pour contribuer à attirer sur elle la bienveillance des souverains.

De tout ceci, il résulte qu'Hortense fait faire des démarches auprès des Alliés, mais qu'elle ne veut pas qu'on le sache. Comme elle n'ignore pas que les lettres des reines ne sont point traitées comme celles d'un simple fournisseur, qu'elles sont destinées à être publiées un jour, elle joue l'abnégation et le désintéressement pour être jugée par la postérité d'après ces documents historiques. Mais, comme toujours, sa conduite dément et déjoue ses paroles.

Hortense, il faut le répéter, n'a jamais été franche ; encore une fois, elle n'est pas *vraie*, et jusqu'à son dernier jour elle sera ainsi.

Écrire à sa secrétaire tous les jours! Et malgré une santé qu'elle dit déplorable! Voyons, est-ce que l'amitié d'une reine pour sa lectrice, même ancienne compagne de pension, va jusque-là? Ce n'est pas admissible. Elle ne lui écrit que pour qu'elle soigne bien ses intérêts. Il faudrait être naïf, plus que naïf, pour croire que Mlle Cochelet a quitté sa chère reine, qui devait avoir plus que jamais besoin d'elle — et cela au moment où Paris est occupé par les armées ennemies — simplement pour le plaisir de voir M. de Nesselrode qui ne peut, de son côté, avoir tant d'amitié pour une subalterne, en pays ennemi.

« *Je n'en irai pas moins*, dit Hortense en terminant cette lettre, *près de celle qui doit encore être la plus malheureuse.* » On a beaucoup vanté la grandeur d'âme avec laquelle Hortense, quittant Navarre malgré toutes les instances de son entourage, retourna à Rambouillet et fit une démarche auprès de l'impératrice Marie-Louise. La reine était décidément en veine de grandeur d'âme. Mais, cette fois, était-elle sincère? N'y avait-il pas un calcul intéressé, une sorte de lettre de change sur l'avenir dans une visite qu'elle savait d'avance devoir demeurer stérile? Car « celle qui doit être la plus malheureuse », c'est Marie-Louise. Si elle était « la plus malheureuse » c'était évidemment par le cœur, car Hortense ne pouvait supposer que l'empereur d'Autriche laisserait sa fille réduite à la mendicité. Il y avait d'ailleurs, pour Marie-Louise, une manière bien simple de n'être malheureuse en aucune façon : c'était de suivre son mari à l'île d'Elbe. Le devoir, à défaut de tout autre sentiment, lui en faisait une étroite obligation. Mais Hortense, qui avait justement méprisé ce même devoir envers son mari, avait-elle qualité pour aller le rappeler à sa belle-sœur? Dans ces conditions, quel pouvait être le but, quel pouvait être le résultat de sa démarche? C'est assez inexplicable, mais il devait y avoir là-dessous quelque calcul personnel qui nous échappe : la protection de Marie-Louise auprès des souverains alliés, sans doute, peut-être aussi le désir d'être citée par ses contemporains et dans l'histoire comme un grand caractère. Car elle veut qu'on la croie un caractère; ses lettres le prouvent; et, chose curieuse, cette femme, qui ne s'est jamais embarrassée beaucoup de la morale, vise à être moraliste : ne parle-t-elle pas par sentences et par maximes?

CHAPITRE VII

Démarche d'Hortense auprès de Marie-Louise. — Son habile conduite auprès de l'empereur Alexandre. — Intimité d'Hortense et du czar. — Affaires d'intérêts. — Louis XVIII confère à Hortense le titre de duchesse de Saint-Leu. — Difficultés de toutes sortes. — Hortense s'en tire comme elle peut. — Le czar va passer la journée à Saint-Leu. — Visite à la machine de Marly. — Mort de Joséphine. — Léger deuil d'Hortense. — Les royalistes et les bonapartistes à la Malmaison. — Mécontentements. — Mme de Staël et Mme Récamier à Saint-Leu. — Gaffe d'Hortense. — Visite d'Hortense à Louis XVIII. — — Motifs de cette visite. — Procès intenté par l'ex-roi Louis à sa femme.

Hortense partit donc pour Rambouillet, malgré une santé qu'elle disait fort mauvaise, et malgré l'avis de tout Navarre. C'était le 12 avril. L'impératrice Marie-Louise la reçut avec un air embarrassé. Elle lui dit qu'elle attendait son père, l'empereur d'Autriche, qu'elle craignait que sa présence lui fût pénible, car enfin c'était un des vainqueurs de Napoléon... Hortense comprit qu'il n'y avait rien à faire auprès de sa belle-sœur. La consoler ? Eh ! c'était déjà fait. Lui parler d'affaires ? Elle était bien trop nulle pour y comprendre un mot, et trop indifférente à tout pour que sa protection fût désirable. Hortense prit donc congé de cette singulière impératrice. « Le peu de temps que j'ai passé près d'elle, a-t-elle dit en sortant, m'a convaincue que l'impératrice, quoique affligée[1], était loin d'avoir le cœur aussi blessé de la position de Napoléon que l'impératrice Joséphine[2]. J'ai donc cru que ma présence serait plus nécessaire à ma mère. Je retourne auprès d'elle. »

Tandis qu'elle était à Rambouillet, sa mère était revenue à la Malmaison. Elle espérait profiter mieux ainsi des bonnes dispositions dans lesquelles les souverains alliés, à ce qu'on lui affirmait, étaient pour elle. Hortense vint l'y rejoindre : elle pourrait ainsi s'occuper plus fructueusement de ses intérêts, et personne ne penserait qu'elle était venue à la Malmaison pour autre chose que pour accompagner sa mère et ne pas la laisser seule.

Il semble cependant que le traité de Fontainebleau du 11 avril ait dû lui donner toute satisfaction[3]. En effet, le roi Louis recevait 200,000 francs de rente et il lui en était, à elle, assigné 400,000. Cette disposition sanctionnait, par une telle différence de traitement entre les deux époux, la séparation ; de plus, elle donnait implicitement à Hortense la garde de ses enfants. Mais la reine ne se trouva point, apparemment, satisfaite de la façon, si bienveillante pourtant, avec laquelle elle était traitée. Elle voulait davantage. Pour cela, il fallait voir les souverains alliés, capter leur bienveillance et traiter directement avec eux. Elle

1. Hortense ne disait : *affligée*, que par convenance, — ou, si Marie-Louise avait pris devant elle l'air affligé, ce n'était également que par convenance.

2. Celle-ci ne fut pas plus longue à oublier Napoléon, mais elle était *divorcée*.

3. Les stipulations du traité de Fontainebleau sont curieuses : le baron Fain les donne en entier dans son *Manuscrit de 1814*.

s'y résolut avec un remarquable esprit de décision. Quand ses intérêts étaient en jeu, personne n'avait plus qu'elle la perspicacité, l'activité et la persévérance, ajoutons aussi le dédain de toute pudeur. Elle savait pourtant conserver les dehors de la dignité et se donner même le mérite de l'abnégation et du dévouement. Cette apparence a trompé bien des gens; il n'est que juste de remettre cette figure historique dans sa véritable lumière : l'histoire ne doit avoir ni préférences ni galanterie; elle doit être vraie et équitable.

La reine Hortense fut très habile dans la manière dont elle s'y prit pour capter la confiance et l'amitié de l'empereur Alexandre dont tout, en réalité, dépendait. Elle ne se livra pas tout d'abord. Elle voulut donner au souverain russe la satisfaction d'amour-propre de la conquérir : par là, elle faisait elle-même sa conquête. C'était un simple manège de coquette, mais, auprès des hommes, cela réussit toujours et la plus imbécile des femmes prend aisément dans ses filets des hommes qui sont loin d'être les premiers venus.

Il est hors de doute qu'Hortense se montra froide pour l'empereur Alexandre lorsqu'elle le vit pour la première fois à la Malmaison. Mais c'était calcul, et non patriotisme. Elle continuait à exécuter le plan de campagne qu'elle avait déjà commencée par ses lettres à Mlle Cochelet, lettres que celle-ci remettait à M. de Nesselrode et que M. de Nesselrode faisait lire à Alexandre. Le souverain russe, qui trouvait la plus grande amabilité chez Joséphine, s'étonna de cette réserve. Il s'en plaignit à M. de Nesselrode qui, il le savait, répéterait ses paroles à Mlle Cochelet, qui, à son tour, les redirait à la reine. Hortense répondit :

« J'ai reçu comme je l'ai dû les vainqueurs de mon pays; je sais que l'empereur Alexandre a été ennemi généreux envers l'empereur Napoléon, et je lui montrerai que j'ai su l'apprécier et que je ne suis pas insensible à sa noble conduite : mais, dans le premier moment, je n'ai pensé qu'à mon pays[1]. »

Ces belles phrases, elle le pensait bien, devaient arriver, par ricochets, jusqu'à l'empereur de Russie : elle ne songeait qu'à l'éblouir par les grands sentiments qu'elle exprimait. M. de Nesselrode ne manqua pas de les lui rapporter, et Alexandre conçut un vif sentiment d'estime pour l'élévation de ce caractère de femme. Il se promit d'amadouer, à force de bonne grâce, la rigueur des principes de la reine Hortense. C'est ce que voulait celle-ci.

Alexandre retourna à la Malmaison. Il y déploya tout le charme dont il était capable, et l'on sait que ce souverain, jeune, beau, bien fait, aimable, spirituel, était la séduction même : il se surpassa pour plaire à Hortense. Celle-ci daigna enfin consentir à s'avouer vaincue. « Je trouve, dit-elle le soir à sa lectrice qui était en même temps son porte-voix, je trouve que l'empereur de Russie a une délicatesse de sentiments vraiment féminine; il comprend toute notre position, même notre fierté et notre réserve vis-à-vis de lui, et il est impossible de ne pas lui en savoir gré. Tout le monde se jette à sa tête, tandis que nous refusons toutes les offres de services qu'il nous fait. Loin de nous en vouloir, de s'en piquer peut-être, il s'attache davantage à nous et veut, en dépit de nous, s'occuper de notre sort. Il se désole d'être venu renverser nos destinées et nous demande, comme une grâce, de

1. Mlle Cochelet, *Mémoires*.

nous permettre d'y travailler, comme une juste réparation. »

Hortense voulait-elle autre chose? Elle avait partie gagnée. Elle ajoute cependant, pour continuer à jouer son rôle de désintéressement : « Pour moi, je ne désire rien; mais ma mère se tourmente du sort de son fils, et pourtant j'aurais aimé que nous n'eussions rien à demander à personne. »

Pendant qu'Hortense menait si habilement ces négociations préliminaires de salon, d'autres négociations se faisaient, dont elle était l'inspiratrice, mais où elle se gardait bien de paraître. Elle était fort mécontente des procédés du gouvernement de la Restauration, qui ne lui continuait pas, cela se conçoit, les deux millions de rente que lui donnait l'empereur; mais elle espérait que le souverain russe la ferait largement indemniser ensuite par les Bourbons. Aussi cultiva-t-elle avec le plus grand soin l'amitié qu'il voulait bien lui témoigner. Son empressement auprès de lui fut même tel que la médisance se plut à dire qu'il n'y avait pas que de l'amitié dans cette liaison si subite. Il est vrai que la liaison était devenue absolument intime. On se voyait tous les jours. Alexandre venait déjeuner et dîner à la Malmaison. Il alla, un jour, faire visite à Hortense dans son hôtel de la rue Cérutti. La reine ne manqua pas de lui faire remarquer que ses antichambres étaient vides, mais elle sut le dire aimablement, en exprimant son regret de n'avoir pas un bataillon de laquais pour faire la haie sur son passage et recevoir dignement un souverain tel que lui. L'empereur s'excusa d'être au nombre de ceux qui la dépouillaient. Il fut encore question d'affaires et Hortense, comme toujours, se posa en victime résignée. « Ne parlons pas de ces choses-là, dit-elle; il faut suivre sa destinée dans toutes ses conséquences... Je ne puis rester en France convenablement à présent; il faut avoir le courage d'envisager tout de suite le côté le plus pénible de sa position. » Alexandre se récria avec admiration sur tant de grandeur d'âme. Mlle Cochelet crut alors pouvoir se permettre d'intervenir et de plaider pour sa reine qui était, disait-elle, si peu au fait des nécessités matérielles de la vie, qu'elle n'allait pas jusqu'à penser qu'il fallût de l'argent pour vivre; elle parla aussi de l'avenir des jeunes princes, dont Hortense avait le devoir de s'occuper. La reine semblait émue, son sein se soulevait, ses larmes étaient prêtes à couler. « Sire, dit-elle, je suis réellement touchée de l'intérêt que vous me témoignez; vous voulez me forcer à vous avoir des obligations; ne vous en dois-je pas déjà pour tant d'obligeance? Jusqu'à présent, j'avais pris mon parti sur le malheur, j'y étais résignée, et je n'ai nullement pensé à rien d'heureux qui pût m'arriver; je ne saurais donc que vouloir; seulement je suis décidée à n'accepter pour moi, comme pour mes enfants, que ce qui sera convenable et j'ignore ce qui peut l'être.

— Eh bien, fiez-vous à moi, dit l'empereur[1]. »

A quelques jours de là, l'empereur Alexandre, paraît-il, alla voir Mlle Cochelet et lui demanda ce qu'il fallait qu'il fît pour Hortense. Il avait donné dans le piège habilement tendu par la reine, et le plan de celle-ci se réalisait point par point. C'est dans cette conférence qu'aurait été arrêté le projet de constituer en duché les bois situés autour de la propriété de Saint-Leu, ce qui avait l'avantage d'établir pour Hor-

1. Mlle Cochelet, *Mémoires*, p. 310.

tense et ses enfants une fortune stable et positive. Et c'est à la suite de cet entretien avec Mlle Cochelet que l'empereur de Russie aurait chargé M. de Nesselrode de rédiger ces dispositions et de les présenter à la signature de Louis XVIII.

Hortense avait consenti à ces arrangements, concertés sans doute par avance entre elle et sa fidèle lectrice, et se donnait l'air de les subir. Elle reçut, deux jours après, des lettres-patentes accordant le titre de duchesse de Saint-Leu à *Mlle de Beauharnais*. Sa colère fut grande; sa déception aussi. Elle voulait bien accepter du roi Louis XVIII un titre de duchesse pour en faire parade devant le monde de la Restauration, mais elle entendait rester reine devant le monde impérialiste. Ce malencontreux titre, et octroyé à *Mlle de Beauharnais*, allait donner à croire à son parti qu'elle avait passé aux Bourbons. Ne l'appelait-on pas, sous l'Empire, *la reine royaliste?* Voilà qui allait justifier complètement aux yeux du public ce vieux sobriquet. Aussi Hortense se laissa-t-elle aller, devant Mlle Cochelet, à toute l'indignation qu'elle voulait qui fût connue du parti impérialiste et qu'elle voulait aussi faire transmettre à la postérité. « Est-il possible, disait-elle, qu'on ait cru que je consentirais à adopter une pareille formule! Louis XVIII, puisqu'il est reconnu roi de France, a le pouvoir de sanctionner, n'importe par quel acte, la possession de mes biens autour de Saint-Leu; mais je ne puis consentir à ce qu'il y ajoute, de cette façon, un titre que j'ai le droit de prendre et qui, accepté de cette manière, me donnerait l'air de renier la validité de celui qui m'a appartenu. Je l'ai reçu sans le désirer, ce titre de reine; il ne m'a pas rendue heureuse et je le perds sans regrets. Que m'importe, d'ailleurs, le titre qu'on

Cliché Braun

L'empereur ALEXANDRE Ier
d'après un tableau de GÉRARD

me donne! Mais lorsqu'il s'agit de s'abaisser devant un parti vainqueur, je ne dois faire aucune concession![1] »

Elle en devait faire pourtant, et plus d'une. Mais elle continua sur ce ton pendant quelque temps, en se promenant au travers de sa chambre. Elle ne se dissimulait nullement le mauvais effet que ce titre de duchesse allait faire dans le public, et elle cherchait à se tirer d'affaire en ne mécontentant aucun des deux partis, en ménageant, comme on dit, la chèvre et le chou. Elle avait toujours joué double jeu et cela lui avait réussi; pourquoi ne réussirait-elle pas cette fois-ci encore? Il lui fallait ne rien changer à ses habitudes, continuer à bien recevoir chacun, faire des avances aux royalistes et se moquer d'eux avec les bonapartistes. Ce serait même très amusant.

Mais, en attendant, cette histoire de son duché ne l'amusait pas. Comment s'en tirer sans froisser les susceptibilités des partis? Les belles phrases, c'était bien, mais l'empereur de Russie et Mlle Cochelet étaient seuls à les entendre, et, avant qu'elles aient fait leur chemin dans le public, la malveillance parlerait la première et se prononcerait en dernier ressort. Comment faire?

Elle dépêcha l'éternelle Mlle Cochelet à M. de Nesselrode. Celui-ci, cette fois, ne dissimula pas son ennui d'avoir à s'occuper d'une affaire qu'il croyait terminée à la satisfaction de tous. Qu'est-ce qu'elle voulait encore, cette aimable reine? Un titre de duchesse? Elle l'avait; c'était se montrer bien formaliste que de discuter la question de savoir si le titre était accordé à Mlle de Beauharnais ou à Mme Louis Bona-

1. Mlle Cochelet, *Mémoires*, p. 385.

parte, ex-reine de Hollande. Louis XVIII ne reconnaissait pas les événements qui s'étaient passés en France depuis la Révolution, puisqu'il datait ses actes de la dix-neuvième année de son règne : il était donc logique en octroyant le titre de duchesse à *Mlle de Beauharnais*, puisque la Révolution et l'Empire, pour lui, ne comptaient pas. Et, en fait, Mlle de Beauharnais et Mme Louis Bonaparte, n'était-ce pas la même personne? D'ailleurs, Mme Louis Bonaparte, elle l'était si peu! Personne ne s'y tromperait.

Personne, en effet, ne s'y trompa, en dépit de toutes les arguties de la reine. Mais Mlle Cochelet exigea l'avis du duc de Vicence et M. de Nesselrode consentit à recueillir cet avis.

Le duc de Vicence, bon diplomate, trouva un moyen de concilier les préjugés du roi et les exigences de la reine. Ce n'était qu'une affaire de rédaction.

— Je comprends très bien, dit-il, les scrupules de la reine. Mais en faisant établir que la création de ce duché de Saint-Leu n'est que la conséquence du traité du 11 avril, le roi ne se trouve pas faire une grâce à la reine et la reine n'a pas à en avoir obligation au roi. Cela tranche tout. Et, par là même, Louis XVIII reconnaît Hortense comme reine, puisque ledit traité de Fontainebleau stipule que chacun conserve ses titres.

On se contenta de cet arrangement, qui n'arrangeait rien et ne faisait pas que la reine Hortense n'avait pas sollicité et accepté du roi Louis XVIII un titre de duchesse, et c'est d'après l'interprétation trouvée par le duc de Vicence que furent établies les lettres-patentes.

L'empereur Alexandre avait tellement les oreilles

rebattues de ce nom de Saint-Leu, qu'il exprima un jour le désir d'aller visiter la nouvelle duchesse dans son duché. Hortense se décida donc à y inviter son haut et puissant protecteur et à lui offrir une petite fête. Mais une fête tout intime Il n'y aurait que lui, l'impératrice Joséphine et Eugène. « Il faudrait pourtant bien avoir aussi le duc de Vicence », dit negligemment Hortense, qui ne perdait pas de vue les affaires et savait que Caulaincourt avait du dévouement pour elle et de l'influence sur l'empereur Alexandre. Puis, comme il fallait une dame pour que deux hommes ne fussent pas à côté l'un de l'autre, à table, elle invita la maréchale Ney.

— Il ne faut pas que Votre Majesté s'attende, dit alors Joséphine, à trouver une demeure royale. Saint-Leu n'est qu'une simple résidence de femme du monde et Votre Majesté devra préparer toute son indulgence pour la modestie de l'accueil qui lui sera fait.

L'empereur Alexandre, qui, malgré une grande représentation extérieure, avait des goûts relativement modestes, puisque, à Saint-Pétersbourg, il faisait des visites comme un simple homme du monde, accepta d'avance et avec plaisir la modestie de l'accueil qu'on lui annonçait.

La maison de l'impératrice Joséphine s'était jointe à celle de la reine Hortense pour aider la nouvelle duchesse à faire dignement les honneurs de chez elle à l'empereur Alexandre. Le monarque arriva en simple particulier, dans une calèche, accompagné seulement du comte Czernischeff, son aide de camp.

Hortense et sa mère reçurent à merveille le puissant empereur. Joséphine, pour lui, redoublait chaque jour d'amabilité et aussi d'élégance[1]. Avait-elle assez oublié celui qu'elle avait parlé de rejoindre à l'île d'Elbe! Avait-elle assez oublié les malheurs de la France!... Sa fille, qui se mettait aussi en frais d'amabilités pour le czar, lui fit faire une promenade dans les bois de Montmorency. Elle avait fait avancer le grand break dans lequel elle aimait à se promener au pas, étendue tout de son long sur une banquette. Joséphine, Hortense, Alexandre, Eugène, le duc de Vicence, la maréchale Ney et deux autres dames prirent place dans ce break et l'on partit.

En conduisant le czar dans les bois de Montmorency, Hortense avait son idée. La promenade ne lui faisait pas perdre de vue ses affaires; elle ne la faisait, au contraire, que dans l'intérêt de ses affaires. Comme elle montrait des chemins nouvellement ouverts: « C'est moi, disait-elle, qui les ai fait tracer. » Un peu plus loin: « Ici, je me proposais de construire un grand pavillon de chasse avec des tourelles. J'en avais dressé les plans moi-même. » Et elle racontait

1. M. H. Bouchot, un gracieux érudit, donne dans son très curieux ouvrage sur *la Toilette à la cour de Napoléon*, des renseignements sur les dépenses de Joséphine chez le couturier Leroy, à cette époque: « ... L'année 1813, une des pires, marque pour elle un recrû de folies. Elle s'endette pour la vice-reine, pour d'anciennes amies, pour un tas de gens dont la reconnaissance s'exprime en remarques désobligeantes sur elle-même, qui se croit encore à 30 ans. C'est en 1814 seulement qu'elle enraye, 1,865 francs en janvier, 7,000 en février, 1,435 en mars pendant les agonies de la campagne de France. Et tout à coup, en avril, quand tout est consommé, 6,000 francs pour la visite du czar Alexandre. Leroy ne dit pas que les toilettes qu'il fournit soient en l'honneur d'Alexandre, mais comme elles ne sont point pour Napoléon, en vérité pour qui eussent-elles été dans un pareil bouleversement? C'est pis que s'il le disait. »

Hortense, elle, est moins déraisonnable et, pour porter le deuil de la patrie, elle se fait faire seulement, chez le couturier à la mode, quelques robes de crêpe rose et de mousseline.

avec grâce à l'empereur combien tout cela eût été joli et combien elle eût été heureuse d'habiter une terre dont les constructions auraient été élevées par elle, d'après ses plans. — Ceci n'est donc plus à vous? dit Alexandre. — Non, Sire. — Et ceci? — Pas davantage, Sire, c'est déjà rendu au prince de Condé. — Mais, alors, en quoi consiste donc votre duché? dit le czar avec un sentiment de sollicitude inquiète et chagrine.

Hortense eût volontiers répondu : « Il consiste dans les lettres patentes que vous savez », mais elle n'osa. « En quelques pièces de terre que vous allez voir tout à l'heure » dit-elle avec ce petit air de détachement qui impressionnait tant son auguste visiteur. Et elle reprit sa causerie enjouée pour mieux souligner encore son insouciance des choses prosaïques de la vie et de la fortune.

Au retour de la promenade, Hortense se mit au piano et fit entendre sa voix. Chez toute autre qu'une princesse, on eût trouvé cette voix fort ordinaire; chez la reine Hortense, on la trouvait remarquable. Mais la voix est un de ces avantages que ceux qui l'entendent peuvent seuls apprécier; la postérité est obligée de s'en rapporter au jugement des contemporains et ne peut reviser ce jugement comme elle le fait pour les livres, les individus, les tableaux, les opéras, les statues... L'empereur Alexandre était sous le charme de la voix d'Hortense et admirait qu'une femme composât des romances et qu'une reine ne crût point déroger en ayant des talents.

Le czar rentra le soir même à Paris, fort satisfait de la petite fête qui lui avait été offerte. Peut-être fit-il en lui-même, pendant la route, une comparaison entre la réception que le patriotisme intransigeant des Russes avait faite à Napoléon, dans Moscou, et la frivolité tout aimable, tout oublieuse aussi, avec laquelle lui, le vainqueur de Napoléon, était accueilli par la femme, par la fille et le fils de celui qu'il avait détrôné et envoyé à l'île d'Elbe.

Après son départ, Joséphine devint soucieuse. Elle se sentait fatiguée, mal à son aise ; elle eut un accès de découragement. « Oui, dit-elle à Hortense, il est charmant, il nous prodigue toutes sortes de belles paroles, mais il n'est pas le seul maître. Les autres souverains alliés se prêteront-ils avec la même grâce à la réalisation de ces promesses? Il faudra aussi que nous leur fassions des attentions... Mais je crains fort, mes pauvres enfants, que vous ne récoltiez jamais que de belles paroles ».

Hortense le craignait aussi, mais il fallait continuer le jeu commencé. On rentra le lendemain à la Malmaison. L'empereur Alexandre ne tarda pas à s'y présenter. Il semblait ne plus pouvoir se passer de la société de Joséphine et de sa fille. Après quelques romances, la conversation tomba sur la machine de Marly. Le czar en avait entendu parler, mais ne la connaissait pas. Hortense aussitôt d'organiser une promenade à Marly pour le 21 mai.

Alexandre n'avait garde de ne pas être exact. On partit donc pour Marly. La distance était courte, on y fut bientôt. On visita la machine dans tous ses détails et, à en croire Mlle Cochelet, la reine Hortense sauva la vie, en cette visite, à l'empereur de Russie. Voici comment : « La reine donnait la main à son fils aîné. L'empereur Alexandre s'était chargé du cadet, que le prince Eugène tenait de l'autre côté. Les précautions que l'on prenait pour les enfants empêchaient d'en prendre beaucoup pour soi-même, et l'habit de l'empereur passa si près de l'une des roues qu'il eût couru risque d'être entraîné, si la reine, qui s'en aperçut, ne l'avait détourné en le poussant vivement et en jetant un cri qui nous fit tous tressaillir. Par ce mouvement, il eut le temps de dégager le pan de son habit, sans cela il eût été entraîné par la roue[1]. »

Est-ce bien sûr ? Et n'exagère-t-on pas à plaisir les dangers des princes comme on exagère leurs talents? Ou bien la reine Hortense a-t-elle voulu se donner le mérite d'avoir empêché le czar, par ses cris, d'être entraîné dans le mouvement de la grande roue? Quoi qu'il en soit, le czar, très gracieux, eut la bonté de dire à Hortense qu'elle lui avait sauvé la vie et en prit prétexte pour venir plus assidûment à la Malmaison. Le prince Léopold, qui s'était battu contre nous à Leipzig et devait plus tard devenir roi des Belges, M. de Metternich, M. de Nesselrode y venaient aussi et, comme Alexandre, chantaient les louanges d'Hortense et de sa mère. Ils passaient ainsi leur temps agréablement et se faisaient conter sur Napoléon une foule d'anecdotes. C'était enfin, pour la légère Hortense, un engouement général.

Les bonapartistes, cependant, ne voyaient pas d'un bon œil l'intimité qui s'était établie entre la reine Hortense et les vainqueurs de Napoléon ; un des chefs du parti crut même devoir lui en exprimer son étonnement. « Voyant la reine Hortense à cette époque, a écrit le duc de Rovigo, je lui manifestai l'opinion que l'empereur de Russie était la principale cause des malheurs de la France, parce qu'il était le chef de la croisade contre nous; il n'avait laissé entreprendre que ce qui lui convenait. La reine le défen-

1. Mlle Cochelet, *Mémoires*, p. 349.

dait ; elle m'apprit qu'elle lui en avait fait l'observation et qu'il avait répondu qu'il n'avait pas eu la moindre part à la détronisation de Napoléon. « J'étais satisfait, lui disait-il, j'étais venu à Paris. L'empereur n'était plus à craindre pour moi, parce qu'on ne fait pas deux fois dans la vie deux entreprises comme celle de Moscou ; l'effet de ses ressentiments n'aurait jamais pu arriver jusqu'à moi ; ainsi je n'avais aucune raison pour désirer sa perte. Il n'en était pas de même de mes Alliés qui, étant ses voisins, avaient sans cesse devant les yeux le tableau de tout ce qui leur était arrivé et qui le redoutaient encore. L'empereur d'Autriche particulièrement craignait de revoir Napoléon à Vienne ; il en était de même des autres. J'ai dû condescendre à leurs désirs. Mais, pour moi personnellement, je me lave les mains de ce qui a été fait. » La reine Hortense paraissait persuadée de la vérité de ce discours qu'elle avait la bonté de me répéter ; quant à moi, je n'y vis qu'un artifice qui avait été employé pour détourner le reproche d'une action déloyale, et surtout indigne d'un grand souverain[1] ». Nous n'avons pas à examiner ici la conduite d'Alexandre, mais celle d'Hortense, et c'est bien plutôt les dires de celle-ci qui doivent être suspectés. Sentant le peu de dignité de son attitude devant les Alliés, sentant le blâme tacite des hommes de l'Empire, mais ne voulant pas renoncer à payer de ses complaisances et de ses sourires l'os à ronger qu'elle voulait que lui jetassent les Alliés avant de partir, elle mettait sans scrupule une déloyauté sur le compte d'Alexandre pour se disculper elle-même devant Savary. Elle était en cela la vraie fille de sa

1. Duc de Rovigo, *Mémoires*, t. VII, p. 268.

Cliche Tallandier

Les machines de MARLY d'après une gravure du temps

mère et, malgré tout ce qu'avaient d'absolu les principes qu'elle affichait — en paroles — elle ne s'est jamais gênée pour arranger la vérité au gré de ses besoins. Elle continuait, du reste, comme toujours, à jouer double jeu.

Un douloureux événement de famille vint interrompre, mais pour peu de temps seulement, les démarches et agissements de la reine Hortense. Ce fut la mort de sa mère. On se rappelle que Joséphine s'était trouvée souffrante après avoir pris froid sous les ombrages des bois de Montmorency. Le 23 mai, le roi de Prusse était venu déjeuner à la Malmaison avec ses deux fils. Quoique toujours souffrante, Joséphine fit une promenade dans le parc avec ce souverain. Le lendemain, fatiguée de cette promenade, déjà prise de la fièvre, elle dut recevoir les grands-ducs de Russie Nicolas et Michel, puis l'empereur et son frère Constantin. Le soir, malade pour tout de bon, elle fut obligée de faire faire par sa fille les honneurs de la Malmaison. Hortense n'y avait pas grand cœur ce jour-là. Elle n'était pas encore remise d'une douloureuse émotion qui l'avait atteinte dans son cœur de mère et dans son amour-propre sensible de reine découronnée. Les restes de son fils aîné, mort à La Haye en 1807, avaient été, on se le rappelle, inhumés à Notre-Dame. Par ordre de Louis XVIII, le corps de ce pauvre enfant fut enlevé de l'église, comme s'il la souillait... La reine Hortense le fit transporter dans la chapelle de Saint-Leu ; mais elle était outrée. Elle fut plus révoltée encore d'un article de journal qui l'avait attaquée elle-même avec la dernière âpreté, et cela à l'occasion de la translation du corps de son fils. Et c'est en ce moment que Joséphine s'alitait avec une fièvre violente et des suffocations. On avait cru tout d'abord à un de ces rhumes auxquels elle était sujette. On lui avait donné les remèdes anodins que l'on prescrit en pareil cas et l'on ne s'était pas inquiété. Le 26, elle était plus mal. On ne lui permit pas de se lever. Un médecin russe, envoyé par l'empereur Alexandre pour savoir de ses nouvelles, la trouva plus sérieusement atteinte qu'on ne le pensait et engagea Hortense à lui appliquer des vésicatoires. Alarmée, la reine fit appeler alors les médecins les plus en renom de Paris. Une consultation eut lieu et, dès ce moment, l'on eut les craintes les plus sérieuses pour la vie de l'ex-impératrice.

L'empereur Alexandre, qui avait su par son propre médecin, qu'il avait eu la délicate attention d'envoyer à la Malmaison, le grave état de l'impératrice, vint chercher lui-même des nouvelles. Il resta dîner. La reine Hortense lui tint compagnie tandis que sa mère avait ses dames autour d'elle.

Comme Hortense se trouva fatiguée après le dîner, elle se laissa remplacer, la nuit, au chevet de sa mère, par Mme d'Arberg ; mais elle se réveillait souvent et demandait de ses nouvelles. Au matin, la malheureuse Joséphine était bien mal. Elle expira quelques heures après, le jour de la Pentecôte. Il sembla que la nature, révoltée des lâches complaisances qu'avait eues cette femme pour les ennemis de la France et de Napoléon, l'avait voulu enlever au plus tôt pour ne pas laisser voir plus longtemps un si révoltant spectacle.

Hortense revenait de la messe. On lui dit que sa mère est au plus mal. Elle entre dans sa chambre, c'est pour recueillir son dernier souffle.

La pauvre femme fut si frappée de la mort de sa mère qu'elle perdit connaissance. On l'emporta hors de la chambre et on lui donna des soins. Elle fut pendant quelque temps dans le même état d'anéantissement que lorsqu'elle avait perdu son fils aîné. Elle n'avait point l'énergie de commander à sa douleur, pas plus qu'à ses passions ou faiblesses ; ou plutôt, devant sa cour, elle croyait devoir se livrer à une manifestation théâtrale de son chagrin. Plus tard, quand elle perdra son second fils, elle ne prodiguera pas de telles marques de douleur ; à peine en parlera-t-elle dans ses *Mémoires*. Pourquoi ? Est-ce qu'elle n'aurait pas eu pour ce fils la même affection que pour l'aîné, que pour sa mère ? Nullement, elle l'aimait comme elle aimait les autres, d'un amour maternel vrai. Mais, lorsqu'il mourut, elle n'avait auprès d'elle que son troisième fils et toute mise en scène de douleur eût été en pure perte, puisqu'elle n'avait pas de spectateurs. Une grande partie de la vie d'Hortense s'est passée à s'étudier pour donner au public l'opinion qu'elle voulait qu'il eût d'elle. Elle a toujours été en représentation. Quand on a été bonne comédienne, on se croit toujours sur les planches.

Si le chagrin d'Hortense fut grand, il faut reconnaître que son deuil ne le fut guère. Ce fut un deuil de coquette, anodin, presque gai, entrecoupé, non de sanglots, cela fait mal, mais de petits et de grands dîners. Elle avait tant besoin de consolations !

Il n'y avait pas huit jours que sa mère était enterrée, qu'elle recevait à dîner l'empereur de Russie. Elle fit cependant, il faut en convenir, bien des façons pour revêtir sa robe de deuil. « Je ne puis voir cette robe noire, disait-elle ; si je la mets, je ne pourrai plus me faire illusion sur notre malheur et je ne pourrai parler d'autre chose à l'empereur ». C'étaient là des grimaces pour la postérité, des enfantillages tout au moins, et elle crut devoir garder ce ton toute la journée.

Vers la fin du dîner, un courrier apporta des papiers à l'empereur Alexandre. Il y avait, parmi ces papiers, les fameuses lettres patentes rectifiées du duché de Saint-Leu. Le duc de Blacas, absolument dénué de sens politique, s'était fait tirer l'oreille avant de se résoudre à les faire signer par le roi. Il ne voyait pas que ce titre de duchesse, accepté par Hortense, était la condamnation et l'abolition par elle du passé, qu'il portait un coup terrible aux espérances de restauration bonapartiste qui couvaient dans l'armée et dans une certaine partie de la population [1].

Le czar remit les lettres patentes à Mlle Cochelet pour qu'elle les remît elle-même à la reine, prit congé et partit pour l'Angleterre. Avant de quittter la France, il avait chargé un secrétaire de son ambas-

1. M. H. Thirria, dans son remarquable ouvrage sur *Napoléon III avant l'Empire*, s'est livré à une enquête minutieuse sur ce titre de duchesse accepté par la reine Hortense et n'en a relevé aucune trace. « Nous n'avons rien trouvé, dit-il, ni au *Moniteur*, ni au *Bulletin des lois*, ni à la Bibliothèque nationale, ni aux Archives... » (*Napoléon III avant l'Empire*, t. I, p. 8). — Il est cependant certain que des lettres-patentes, signées du roi Louis XVIII, ont été remises à la reine Hortense; Mlle Cochelet affirme les avoir reçues des mains de l'empereur Alexandre et les avoir données elle-même à la nouvelle duchesse. Il est dès lors vraisemblable que M. de Blacas, après les avoir fait envoyer, n'a pas voulu les faire publier par le *Moniteur*, ni en garder ampliation pour les Archives. Il était si furieux de voir conférer un titre, par le roi, à une Bonaparte (par alliance, mais une Bonaparte tout de même), qu'il avait apporté toutes les difficultés possibles pour empêcher la délivrance de ces lettres. C'est donc intentionnellement, il le faut croire, que cet acte n'a pas été enregistré comme les autres. Cette omission a dû combler de joie la reine Hortense qui commençait à ne pas désirer plus que cela qu'on sût qu'elle était en si bons termes avec la Restauration.

sade, M. Boutiakin, de veiller aux intérêts d'Hortense à Paris et de correspondre directement avec lui sur les difficultés qui pourraient se produire à ce sujet, le gouvernement de Louis XVIII, sa cour plutôt, étant, cela se conçoit, on ne peut plus mal disposé pour tout ce qui portait le nom de Bonaparte.

Quand Mlle Cochelet remit à la nouvelle duchesse de Saint-Leu ses lettres patentes, celle-ci lui dit : « Je ne voulais avoir d'obligations à personne. L'empereur, en me forçant à accepter ses bons offices, m'a mis dans la nécessité d'en contracter avec ceux qui règnent aujourd'hui ; puisque j'accepte la fortune qu'on me laisse, je dois en remercier, et je le ferai... »

La duchesse de Saint-Leu[1] ne reçut d'abord que les visites de ses plus intimes amis. Au nombre de ceux-ci il faut citer Mme Campan, qui n'avait garde d'oublier une ancienne élève à qui Louis XVIII conférait un titre de duchesse[2]. Mais, assez rapidement, Hortense oublia son deuil et reçut comme par le passé. Parmi les personnes qui venaient chez elle (et il ne venait guère que des hommes), il faut citer le

1. Son mari, lui, se faisait appeler *comte* de Saint-Leu. Le hasard seul fit que les deux époux prirent le nom de Saint-Leu. Si Hortense avait su que Louis avait choisi ce nom de fief, il est probable, avec son esprit de contradiction, qu'elle en eût pris un autre.

2. Mme Campan avait aussi écrit une lettre de condoléances à Hortense : « J'aime à me rappeler, lui disait-elle, vos sages alarmes sur cet élan que prit votre fortune... Vous souvenez-vous de cet air si abattu avec lequel vous disiez à cette pauvre Adèle (Mme de Broc) et à *moi* : « Mon beau-père est une comète dont nous ne sommes que la queue : il faut le suivre sans savoir où il nous porte. Est-ce pour notre bonheur ? Est-ce pour notre malheur ? » Et ce jour, en regardant une jolie gravure qui représentait la roue de la Fortune, vous me dites : « Il faut toujours avoir les yeux là-dessus ; tantôt en haut, tantôt en bas. » (*Correspondance de Mme Campan*, t. II, p. 73. Lettre du 5 juin 1816).

colonel de La Bédoyère, le colonel de Lawœstine, etc., tous jeunes gens fanatiques de l'Empire et qui venaient s'entretenir à la Malmaison de leurs souvenirs et surtout de leurs espérances. Un jour M. Pozzo di Borgo, général au service de la Russie, qui avait sollicité l'honneur de venir présenter ses hommages à la duchesse de Saint-Leu, fut amené à la Malmaison par M. Boutiakin. Il paraîtrait, mais cela semble inadmissible, que la duchesse de Saint-Leu ignorait les sentiments politiques de M. Pozzo di Borgo, le plus grand ennemi de Napoléon. Quoi qu'il en soit, elle fut fort aimable et M. Pozzo di Borgo se montra satisfait de la façon dont il avait été reçu. Quelques jours après, la duchesse envoyait à M. de Pozzo une invitation à dîner. Quand il arriva, il y avait encore dans le salon quelques intimes qui s'étaient attardés dans leurs conversations, entre autres le colonel de Lawœstine. Ce jeune officier supérieur venait d'acquérir à Paris une certaine célébrité par une plaisanterie qu'il s'était permise avec quelques jeunes étourdis comme lui. Pour se moquer des vieux émigrés qui rentraient alors à Paris, habillés à la dernière mode de 1789 et que les bonapartistes appelaient par dérision les *voltigeurs de Louis XIV*, M. de Lawœstine, M. Lecoulteux de Canteleu, le colonel Jacqueminot et M. de Cramayel s'étaient amusés un matin à endosser de vieux uniformes râpés du temps de Louis XVI, ils avaient mis des perruques poudrées avec queue, et, ainsi accoutrés, étaient entrés chez Tortoni. Là, ils s'étaient attablés gravement au milieu des rires des garçons et des consommateurs, et l'un d'eux avait commandé : « Une bavaroise! » Ils se partagèrent la bavaroise, faisant ainsi allusion à la pauvreté de ces émigrés rentrés, et se retirèrent sans se départir un instant de leur insolente gravité, et ce, au milieu des éclats de rire, des protestations violentes, puis d'un véritable tumulte.

Le colonel de Lawœstine venait d'expier cette plaisanterie par quinze jours d'arrêts. On juge de quel œil il dut voir M. Pozzo di Borgo et M. Boutiakin. Oubliant toutes convenances et croyant sans doute que, chez la reine Hortense, on pouvait tout se permettre, le jeune colonel se mit à parler des Alliés et surtout des Français qui n'avaient pas eu honte de rentrer en France dans les fourgons de l'ennemi. Ces propos n'étaient pas tenus à voix basse, mais d'un ton hautain et méprisant. Ils visaient ostensiblement les deux nouveaux arrivés. Ceux-ci firent semblant de ne rien entendre, et les jeunes officiers se retirèrent. La duchesse de Saint-Leu ne tarda pas à descendre et l'on passa dans la salle à manger. Après le dîner, M. Boutiakin ne put s'empêcher de raconter à Mlle Cochelet ce qui s'était passé et ajouta qu'il en était profondément froissé; il ne cacha pas que M. Pozzo di Borgo avait dit que si c'était ainsi qu'était composé le salon de la duchesse de Saint-Leu, il n'avait que faire d'y revenir.

Hortense fut très contrariée de cette aventure qui pouvait lui faire du tort dans le parti royaliste, parmi les Alliés et aussi dans le camp bonapartiste, où l'on apprendrait avec surprise les noms de ses convives. Le résultat de ce double jeu ne fut pas long à se faire sentir. Hortense fut en suspicion à tous les partis et ni M. de Lawœstine, ni M. de Pozzo ne remirent les pieds chez elle. « Mais que pouvais-je faire à cela? dit Hortense. Qui a le pouvoir d'empêcher les Français de parler sans réflexion? Ce n'est pas moi, car je venais justement de les gronder, et cela n'a pas produit grand effet. Quant à M. Pozzo, je ne tiens pas beaucoup à le revoir; il m'a trop peu dissimulé sa haine contre Napoléon et, dans la conversation, j'ai trop vu percer l'homme qui attribue à ses seules menées tous nos malheurs, pour qu'il me soit agréable d'être protégée par lui... Qu'ils me laissent tous tranquille dans mon petit coin ; je saurai bien me passer d'eux. Je ne demande que d'en être oubliée. »

Comme toujours, la logique manquait totalement au discours d'Hortense. « Qu'ils me laissent donc tranquille dans mon petit coin », disait-elle. Il eût été facile de lui répondre : « Que n'y restez-vous tranquille vous-même ? Et qui donc vous force à inviter tout ce monde-là chez vous ? » Ce n'est pourtant pas bien difficile de rester tranquille, et Hortense avait tort de dire : « Que pouvais-je faire à cela ? » car elle pouvait très bien, elle *devait* même n'inviter personne à dîner. Il y avait à peine quelques semaines qu'elle avait enterré sa mère ! Oubliait-elle donc qu'elle était en deuil [1] ? C'était cependant une bonne raison pour ne pas recevoir. Mais son esprit affamé d'intrigue était plus fort que son goût pour les convenances, et elle tenait à se faire bien venir des hommes marquants de tous les partis, dans la pensée qu'un jour ils pourraient lui être utiles [2].

Malgré son deuil, la duchesse de Saint-Leu voulait recevoir, tant elle avait d'impatience de voir prendre à son salon un rang parmi ceux que l'on citait pour

1. Hortense ne porta qu'à peine le deuil de sa mère; Joséphine n'avait pas porté du tout le deuil de la sienne.

2. « La duchesse de Saint-Leu était une personne inoffensive, bonne et généreuse pour ceux qui l'entouraient, dont les goûts étaient aimables, les manières élégantes et qui eut toujours plus d'ambition qu'elle n'en avoua. » (*Souvenirs et Correspondance de Mme Récamier*, t. I, p. 269).

leur bon ton et la distinction des gens qui les fréquentaient. Dans les salons, restés ouverts, de quelques personnalités du régime déchu, on ne cessait de vanter les qualités de la *reine*. Là, on ne l'appelait pas duchesse de Saint-Leu. Voici l'impression que fit à une jeune femme, revenant de l'émigration, l'atmosphère de ces salons bonapartistes : « Je revis, dit-elle, Mme de Valence; je trouvai chez elle un cercle de monde nouveau pour moi ; on y parlait beaucoup de la cour, cour étrange à mes oreilles chastes [1] d'amour légitime. On était enchanté d'apprendre que la reine se portait à merveille. Un jeune et beau M. de Lawœstine venait de la quitter; on se groupait autour de lui pour entendre tout ce qu'il avait à en dire; je cherchais dans mon esprit de quel souverain cette reine pouvait être la femme ; je pensais même à la belle reine de Russie (?) et le demandai tout bas à Mme de Valence, qui me répondit tout haut : « La « reine Hortense. » Je vis que l'on était scandalisé de mon ignorance [2]... »

Pour consolider les relations qu'elle avait parmi les personnes les plus considérables du monde royaliste, la duchesse de Saint-Leu voulut réunir chez elle, à la campagne, celles qui y seraient ses plus puissants avocats, Mme de Staël et Mme Récamier. Comme le prince Auguste de Prusse ne quittait pas

1. Mme de Gontaut s'effarouche là avec beaucoup de bonne volonté. Les propos qu'elle entendait à la cour du comte d'Artois, en Angleterre, ne devaient guère différer de ceux des salons bonapartistes, et Mme de Polastron, son amie en même temps que la maîtresse du futur Charles X, était-elle autre chose qu'une Hortense ? N'a-t-elle pas eu elle-même certaine intrigue avec le même comte d'Artois, qui eût dû la rendre plus indulgente pour les femmes inconséquentes qui n'étaient pas de son parti ?

2. Duchesse DE GONTAUT, *Mémoires*, p. 128.

plus Mme Récamier que son ombre, elle l'invita aussi c'était une attention qu'elle faisait en même temps aux Alliés, et elle ne les négligeait pas plus que les royalistes. Et l'on a admiré son caractère, son désintéressement !

Mlle Cochelet dit, dans ses *Mémoires*, que Mme de Staël et Mme Récamier, « auxquelles s'était intéressée la reine Hortense pendant leur exil, avaient demandé à venir la voir pour la remercier de ses bons offices. »

Ce n'est pas tout à fait ainsi que la chose s'est passée. « J'ai sous les yeux, dit la nièce de Mme Récamier, le billet par lequel Mme de Staël s'entend avec son amie sur ce projet. Le voici : « La reine de Hollande nous invite à déjeuner pour demain, chère amie; voulez-vous que nous y allions tête à tête? Mais il faudrait partir à dix heures. — Je serai chez vous ce soir à onze heures. Au reste, je pense que peut-être un autre jour vous conviendrait mieux, parce qu'elle nous inviterait à dîner, ce qui serait plus commode... »

La reine Hortense voulut bien convertir son déjeuner en dîner pour arranger ses invitées. Mais ce fut pour elle une grosse affaire que de savoir quels convives il fallait donner à ses illustres hôtes. Car elle ne voulait pas les recevoir en tête à tête : elle sentait, en son for intérieur, qu'elle était incapable de soutenir une conversation avec ces femmes, dont l'une était, comme on l'a dit, un *homme de génie* et l'autre un modèle de bonne grâce ; elle se rendait parfaitement compte en ce moment de sa médiocrité et cherchait un moyen de la dissimuler. Il n'y en avait qu'un : c'était d'inviter, en même temps que Mme Récamier et Mme de Staël, des personnes instruites et spirituelles, de façon qu'elles puissent leur donner la réplique et de s'effacer elle-même le plus possible, pour faire briller ses invités. N'est-ce pas là le devoir d'une bonne maîtresse de maison ?

Pour donner le change à sa lectrice sur le sentiment qui la poussait à fuir le tête-à-tête de ces femmes célèbres, Hortense lui dit : « Je ne me sentirais pas le courage de faire de grands frais ; quand on a du chagrin, on a peu de présence d'esprit et ma paresse se trouvera bien d'avoir recours à d'autres. » Et, dans cette ingénieuse pensée, pour fuir une intimité que toute personne d'esprit eût recherchée avec passion, Hortense envoya des invitations aux hommes les plus connus pour leur esprit et leur entrain : M. de Flahaut, M. de Labédoyère, M. de Ségur, M. de La Valette. Aucun ne put venir. Hortense en aurait pleuré. Elle se rejeta alors sur M. de Latour-Maubourg, M. de Lascours, M. de Canouville, frère du jeune colonel qui avait été tué en Russie ; elle pria aussi la duchesse de Frioul, veuve de ce pauvre Duroc que, sous le Consulat, elle eût tant voulu épouser ; et enfin le général Edouard Colbert, frère du général Auguste Colbert, tué en Espagne en 1809 ; il était venu faire visite dans la journée, elle le retint à dîner. Mlle Cochelet, qui prenait sa part de cette cuisine d'esprit qu'on se préparait à servir à Mme de Staël et à son amie, nous a laissé le récit de ce dîner et aussi des hors-d'œuvre : « L'attente fut longue et fort curieuse, dit-elle, car cette obligation où la reine avait placé chacun d'avoir de l'esprit bon gré mal gré, nous causait à tous un sourire extrêmement embarrassant pour une réception. Nous avions l'air de comédiens qui vont entrer en scène et qui se regardent en attendant le lever de la toile. »

Enfin, une voiture cria sur le sable. C'étaient ces dames. Mme de Staël entra avec « sa figure de mulâtre, sa toilette originale et ses épaules entièrement nues, qui auraient été belles l'une ou l'autre, mais qui s'accordaient si mal ensemble »; Mme Récamier la suivait de son air éternellement naïf et ingénu.

Comme le temps était beau, Hortense proposa une promenade en voiture. Elle ne pensa pas que ces dames, arrivant de Paris, eussent peut-être préféré rester au salon ou faire un simple tour, à pied, dans le parc. On monta aussitôt dans le grand breack qu'elle aimait particulièrement, et l'on parcourut au pas les belles allées de Saint-Leu. Une échappée sur la vallée de Montmorency s'ouvrant tout à coup devant les promeneurs : « Oh ! s'écria Mme de Staël, j'ai déjà vu un paysage comme cela en Italie, c'est superbe. Il n'y manque que du ciel bleu et du soleil. — Comment ! vous avez été en Italie? » crut devoir dire cette pauvre Hortense.

Ah ! comme elle avait été bien inspirée de faire provision de gens d'esprit pour donner la réplique à Mme de Staël, et comme elle l'avait été mal de ne pas leur en laisser le soin exclusif ! Demander à l'auteur de *Corinne* si elle avait vu le pays dont elle avait fait de si chaudes peintures était une gaffe colossale. « Et *Corinne* ! et *Corinne* ! » s'écria d'une voix toute la voiturée. — Ah ! c'est vrai, dit Hortense, s'apercevant qu'elle avait dit une sottise... — Comment ! insista M. de Canouville, Votre Majesté n'a pas lu le roman de *Corinne*? — Oui... non... c'est-à-dire... je le relirai. » Et la pauvre reine, avec son habitude de ne pas laisser voir ses sentiments et avec son aisance de femme du grand monde, changea aussitôt la conversation et cacha de son mieux sa confusion. L'on ne tarda pas à rentrer : le temps d'ailleurs était devenu mauvais et tout le monde fut mouillé au point d'être obligé de se changer avant de se mettre à table.

Pendant le dîner, Mme de Staël prit une spirituelle et aimable revanche sur Hortense. Amusée de ce qu'elle n'avait pas lu son grand roman, dont tous les salons s'étaient entretenus pendant plus de six mois, elle lui parla de ses romances. « Dans mon exil, que vous avez cherché à faire cesser, dit-elle, je chantais cette romance : *Fais ce que dois, advienne que pourra*, en pensant à vous [1] ».

Quand on rentra au salon, on fit de la musique. Chacun pria la reine de chanter. Elle y consentit et fit entendre une de ses romances qu'elle avait composée, disait-elle, pour son frère Eugène. Puis, Mme de Staël l'accapara et lui fit mille questions sur l'empereur. Ces questions n'étaient pas toujours discrètes et « déconcertaient visiblement [2]» cette malheureuse Hortense qui, décidément, n'était pas de force à soutenir une conversation avec Mme de Staël.

C'est sans doute pendant ce dîner que la duchesse de Saint-Leu pria Mme Récamier de lui amener le duc de Wellington. Etait-elle devenue assez royaliste ! Avait-elle assez perdu le sens moral, cette fille adoptive de Napoléon !... On peut juger avec quel empressement son vœu fut satisfait. Hortense invita donc chez elle et reçut en amis tous les ennemis de Napoléon. Celui-ci, sur son rocher de fer, devait noter

1. « Nous chantions souvent un charmant air qu'a composé la reine Hortense, et dont le refrain est : *Fais ce que dois, advienne que pourra.* » (Mme de Staël, *Dix années d'exil*). Mme de Staël dit cela à propos de la dernière réunion qu'elle eut avec ses amis sur la terre française.

2. *Souvenirs et Correspondance de Mme Récamier*, t. I, p. 271.

dans sa mémoire cet oubli inconcevable du devoir et des convenances; mais, bon comme toujours pour tous les siens, lorsque l'heure du châtiment vint à sonner, il pardonna.

La cour de Louis XVIII avait appris avec dépit la visite que Mme de Staël avait faite à Saint-Leu; elle s'en inquiéta. Comme elle n'était pas très contente des idées libérales que Mme de Staël avait conservées malgré son exil, on pensa qu'une intimité, dangereuse pour le gouvernement, pourrait naître de cette visite. Hortense le sut et, pour couper court à toute supposition qui, dans sa situation, eût pu lui nuire, elle se décida à aller aux eaux. Aussi bien avait-elle ses projets.

Mais une femme que l'empereur avait faite reine ne pouvait, en ces temps de suspicion générale, voyager sans en avoir d'abord obtenu l'autorisation. Hortense voulait aller à Aix-en-Savoie, où elle avait donné rendez-vous à son frère. Or, il arriva que l'impératrice Marie-Louise venait justement de se rendre à Aix. M. de Blacas, qui tenait à ce qu'on ne pût l'accuser ni d'imprévoyance ni d'incapacité, pensa que ces deux belles-sœurs, ces deux anciennes souveraines ne pouvaient se trouver dans la même ville sans qu'il en résultât un danger pour le gouvernement de la Restauration. Il fit donc dire à la duchesse de Saint-Leu que le roi verrait avec déplaisir ce voyage qui avait tout l'air d'un rendez-vous d'affaires politiques.

Hortense n'insista pas et partit pour Plombières. Elle eut soin d'avertir son frère de son changement de direction et l'attendit à Plombières. Il est infiniment probable que l'entrevue qu'elle voulait avoir avec lui était purement politique. « La reine Hortense, a écrit la duchesse d'Abrantès, était alors dans une complète activité (mais, je le répète, sans *conspiration* et seulement avec des paroles ; on sait combien la *conversation* a d'empire sur les Français) pour préparer le retour de l'empereur ; mais tout cela, je le répète, était une preuve insaisissable, purement métaphysique. Il n'y avait rien de matériel à *appréhender au corps*, enfin [1]... » Et, de son côté, Bourrienne dit : « Le prince Eugène devait venir aux eaux de Plombières, où se trouvait sa sœur Hortense. Les chevaux, les voitures et un aide de camp du prince étaient déjà arrivés à Plombières, où l'on préparait son logement, et il n'y vint pas. Eugène eut sans doute connaissance des intrigues de sa sœur avec quelques grands personnages de l'ancienne cour de Napoléon, qui se trouvaient alors aux mêmes eaux, et comme il avait résolu de vivre tranquille à la cour de son beau-père sans se mêler de rien, il resta à Munich. Ce fait passa inaperçu, sans que les habiles gens qui nous gouvernaient alors eussent seulement l'air de s'en douter [2]... » Ne trouvant pas son frère à Plombières, comprenant peut-être sa prudence, mais voulant cependant lui parler, Hortense insista pour avoir une entrevue avec lui. Elle l'engagea à aller à Bade ; elle s'y rendrait de son côté, après sa cure thermale, et pourrait alors, en toute sécurité, s'entretenir avec lui.

Eugène ne resta pas à Munich, comme le dit son ami Bourrienne ; il se rendit bel et bien à l'invitation de sa sœur, vint à Bade en même temps que l'impératrice de Russie, et Hortense put lui dire de vive voix

1. Duchesse d'Abrantès, *Mémoires sur la Restauration*, t. I, p. 228.
2. Bourrienne, *Mémoires*, t. X, p. 248.

ce qu'elle ne voulait confier ni à la poste, ni à des courriers. Ces entretiens entre Hortense et son frère sont restés entièrement secrets. Rien n'en a transpiré. Il est probable que la duchesse de Saint-Leu chercha à déterminer Eugène à entrer dans les complots qui se formaient dans l'armée pour chasser les Bourbons de France et à se mettre à la tête du mouvement; il est probable aussi qu'Eugène, dominé par sa femme, la princesse Auguste de Bavière, qui le tenait à l'attache à la cour du roi son père, s'excusa sur ce qu'il ne voyait aucune chance de réussite. Toujours est-il que rien ne fut décidé entre eux.

La duchesse de Saint-Leu profita de son séjour à Bade pour voir la célèbre Mme de Krüdner. Celle-ci, qui ne connaissait pas encore l'empereur Alexandre, mais qui s'était déjà échauffée sur lui et l'appelait le *Sauveur universel*, l'*Ange blanc*, par opposition à l'*Ange noir* (Napoléon), tombait, à la seule pensée de l'exilé de l'île d'Elbe, dans le sacré délire des prophétesses. Elle prédisait à tout le monde, elle prédit aussi à Hortense le prochain retour de Napoléon et tous les maux qui allaient être, pour la France, la conséquence de ce retour; elle lui conseilla fort de se retirer en Russie pour laisser passer l'orage.

Il n'y avait pas besoin d'être prophétesse pour prévoir que l'aigle ne resterait plus bien longtemps sur son rocher de la Méditerranée, et qu'il allait bientôt prendre son vol « les ailes toutes grandes. » Il n'y avait pas besoin de l'être davantage pour deviner que ce retour entraînerait pour la France les plus grands malheurs. Hortense, qui croyait à toutes les prophéties, même quand elles n'étaient pas faites par des « voyantes » de profession, ne demandait pas mieux que de croire à ce que lui annonçait cette Velléda de

Cliché Tallandier

Madame de STAËL
d'après une lithographie de DEVÉRIA

salon ; elle rejetait cependant loin de sa pensée les maux qu'on lui avait dits inséparables du retour de Napoléon, parce qu'il lui était désagréable de croire cette partie de la prédiction : telle l'autruche, enfonçant sa tête dans un buisson, croit avoir échappé aux chasseurs parce qu'elle ne les voit plus.

C'est donc avec la tête bien garnie d'espérances que la duchesse de Saint-Leu reprit le chemin de la France. Elle passa la frontière. Arrivant à Saverne, elle trouve des officiers français revenant des prisons de l'ennemi et voyageant à pied, par étapes. Elle est reconnue : peut-être même se fait-elle reconnaître. On lui fait aussitôt une ovation. Des cris de : *Vive l'empereur !* se font entendre. Prudente, mais heureuse, elle recommande le calme. On le lui promet, mais ces officiers ajoutent : « Nous voulons vous servir d'escorte; vous êtes notre reine, nous n'en voulons pas d'autre. » A Phalsbourg, les mêmes officiers lui font une nouvelle ovation. La reine leur prêche, mais mollement, la prudence; elle a plutôt l'air de les encourager. Aussi crie-t-on plus fort : *Vive l'empereur !* On ajoute seulement : *Vive la reine Hortense !* Enfin elle se dérobe à ces manifestations qui ne la fâchent nullement, et, craignant d'effaroucher le cabinet des Tuileries, elle rentre le 19 septembre à Saint-Leu.

Des papiers timbrés, apportés par un huissier, la ramenèrent des régions du rêve dans les tristesses de la réalité. Hortense avait oublié depuis quelque temps que, si elle était reine, c'est qu'elle était la femme d'un roi, roi honoraire, il est vrai, mari honoraire aussi, infirme, désagréable, mais, hélas ! non défunt. Louis Bonaparte, maintenant que l'empereur ne pouvait plus lui imposer sa volonté, réclamait ses enfants à Hortense, ou du moins l'aîné de ses enfants, par-devant la justice de son pays.

L'ex-roi de Hollande n'avait pas attendu la fin de septembre pour faire cette réclamation. Un mois après le départ de Napoléon pour l'île d'Elbe, il avait écrit à sa femme cette lettre aussi sèche que substantielle : « Madame, si vous voulez m'envoyer mon fils Napoléon, cela me fera plaisir et vous garderez le plus jeune. Si vous ne voulez pas, dites-le moi ; je consentirai à tout parce que mon unique but maintenant est d'être dégagé de mes liens avec vous. Je sacrifierai tout à cela. »

Certes, Hortense n'eût pas demandé mieux, de son côté, que d'être dégagée du lien du mariage, bien que ce lien ne la gênât guère. Mais, comme elle ne tenait nullement à faire plaisir à son mari, elle ne lui envoya pas son enfant. Inquiète cependant sur cette réclamation, elle avait écrit à son frère pour avoir son avis. Eugène l'avait engagée à obéir et à remettre son fils aîné à son père. Comme cet avis était contraire au sien, elle ne le suivit pas et, dans l'espérance de trouver une opinion conforme à sa volonté, elle demanda conseil à l'empereur Alexandre. Le souverain du Nord lui dit que son amitié pour elle le ferait parler en toute franchise et que, à son sens, elle devait remettre ses enfants à leur père puisqu'il les réclamait. Hortense fut outrée : en demandant des avis, elle n'avait cherché qu'une approbation ; ne la trouvant pas, elle n'en avait fait qu'à sa tête et peut-être même avait-elle oublié de répondre à son mari.

De là le procès que lui intentait l'ex-roi Louis.

Hortense accepta la bataille sur le terrain juridique. Dans l'espoir que des influences royalistes lui assureraient la victoire, elle choisit pour avocats les hommes les plus connus dans le barreau parisien pour leur dévouement aux Bourbons : MM. Bellart, Chauveau-Lagarde, Bonnet et Roux-Laborie. Mlle Cochelet prétend qu'en les choisissant, la reine ignorait leurs opinions; elle veut en faire une ingénue et une innocente bien différente de ce qu'elle était en réalité. Il est possible qu'Hortense ait ignoré que Chauveau-Lagarde fut l'illustre défenseur de Marie-Antoinette devant le tribunal révolutionnaire : comme elle n'avait pas lu *Corinne*, qu'elle ignorait que Mme de Staël fût allée en Italie, elle pouvait très bien ne pas avoir entendu parler du courage civil de celui qui avait risqué sa tête pour sauver celle de sa souveraine; il serait étonnant cependant que Mme Campan n'en eût point parlé à ses élèves.

Ne voulant négliger aucune des influences qui pourraient agir sur les juges, et se doutant bien que les passions ou les intérêts de la politique ne sont pas toujours étrangers aux arrêts de la justice des hommes, surtout dans les temps qui suivent les grandes calamités publiques et les bouleversements sociaux, où les consciences sont aussi troublées que les esprits, la duchesse de Saint-Leu voulut aller faire visite au roi Louis XVIII. C'était, a-t-elle dit, pour le remercier du duché de Saint-Leu qu'il avait daigné ériger pour elle. C'est peu probable : si Hortense avait eu de la reconnaissance pour ce bienfait, elle serait allée, au reçu de ses lettres-patentes, porter au roi l'expression de sa gratitude. Qu'on n'objecte pas qu'elle ne pouvait le faire plus tôt, que son deuil ne le lui permettait pas : ce deuil lui permettait bien de tenir salon ouvert et de donner de grands dîners. Il faut nécessairement en conclure qu'Hortense, au risque de déplaire aux bonapartistes, se résolut à voir Louis XVIII pour attirer sur elle la bienveillance du tribunal. Elle était en lutte avec son mari, rien ne lui coûtait pour en sortir victorieuse.

Comme le vulgaire des femmes, elle obéissait à sa passion plutôt qu'à la raison, et elle aimait mieux se perdre auprès de son parti que de céder à son mari qu'elle avait en haine.

Selon son habitude, et pour donner le change au public, elle se répandit en sophismes devant son porte-voix ordinaire, Mlle Cochelet, chargée d'expliquer à ses familiers et sa conduite et sa démarche : malgré tout, on la jugea très sévèrement.

Hortense vint donc aux Tuileries. Louis XVIII lui fit un accueil on ne peut plus gracieux. Outre qu'il était naturellement aimable pour les femmes, et par goût, et en sa qualité de premier gentilhomme de France, Louis XVIII ne manquait pas d'une certaine finesse : il n'était pas fâché de voir faire à une Bonaparte une lourde maladresse qui venait souligner celle, plus lourde encore, qu'elle avait commise en acceptant, elle, reine de Hollande, ce ridicule duché de Saint-Leu.

En passant dans ces salles qu'elle avait traversées tant de fois, alors qu'elles étaient animées de toute l'activité impériale, Hortense aurait dû se rappeler que maintenant sa place n'était plus là. Mais sa pauvre tête, comme celle de sa mère, ne contenait qu'une pauvre cervelle, et son cœur, comme sa tête, ne se nourrissait que de sophismes. C'est ainsi qu'elle fut elle-même l'artisan de ce que l'on a appelé ses malheurs, malheurs qui lui valurent auprès des bonnes gens qui ne recherchent pas les causes des événements — comme à Joséphine après le divorce — une auréole de martyre, de sainte.

Lorsqu'elle sortit du cabinet de Louis XVIII, la duchesse de Saint-Leu se vit entourée des gens de la cour.

— Eh bien, Madame, lui demanda le duc de Grammont, êtes-vous contente de notre roi?

— On ne peut plus, répondit Hortense.

Elle fut alors reconduite, avec force amabilités, jusqu'à sa voiture. Mlle Cochelet, qui l'y attendait, lui demanda à son tour si elle était vraiment satisfaite du roi.

— Il serait impossible de l'être davantage. Il a été excessivement poli et même galant avec moi ; d'abord il était très embarrassé et j'ai été obligée de lui parler la première; mais quand on a des remerciements à faire, rien n'est plus facile, et il m'a paru un excellent homme. Je me sentais plus à mon aise avec lui qu'avec l'empereur Napoléon. Tout en causant avec le roi, il m'a semblé qu'il désirait me voir aller faire visite à la duchesse d'Angoulême ; mais je n'ai aucune raison pour aller la voir. Je devais seulement cette visite de politesse au souverain reconnu par le pays que j'habite, et je lui ai positivement manifesté mon intention de vivre dans une retraite absolue. Il m'a dit qu'il aurait du plaisir à me revoir, mais je lui ai répondu que je ne me considérais plus comme faisant partie de ce monde, et qu'un profond isolement était ce qui me convenait [1]. »

En attendant, ce « profond isolement » était loin de ressembler à la solitude. La démarche qu'Hortense avait faite aux Tuileries avait amené à Saint-Leu une

1. Mlle Cochelet, *Mémoires*.

foule de visiteurs qui, joints aux familiers ordinaires de la maison, en faisaient tout autre chose qu'une thébaïde. Mme Campan était accourue des premières, naturellement, et lui contait l'impression faite à la Cour et à la Ville par sa visite à Louis XVIII. « Vous avez fait, disait-elle, la conquête du roi... positivement. Pendant qu'on le déshabillait, il n'a pas tari sur vous... Il disait : « Je suis bon juge et je n'ai « jamais jusqu'à présent rencontré de femme qui allie « autant de grâce à des manières aussi distinguées. » Chacun, comme vous le pensez, écoutait l'appréciation du roi. Le duc de Duras crut pouvoir se permettre de lui donner la réplique. « Oui, dit-il, la du- « chesse de Saint-Leu est charmante, tout le monde le « dit ; mais il est à regretter, peut-être aussi à redouter « qu'elle ne soit entourée que des gens connus pour « être les ennemis implacables de Votre Majesté. » Le roi ne répondit rien et renvoya son monde. Quant à moi, ajouta Mme Campan, qui ne perdait jamais l'occasion de donner un conseil, je vous recommanderai, mon cher ange, d'être prudente ; il n'y a rien de plus dangereux que d'être louée par les rois quand ils n'ont aucune raison pour nous protéger. Ils nous créent ainsi des ennemis par les jalousies qu'ils excitent et essaient rarement de nous défendre contre ceux dont ils ont attiré l'animosité sur nous ; je sais mieux que personne quel pouvoir ont les ennemis à la cour, et je ne saurais vous recommander trop de prudence. »

M. de Sémonville, qui ne s'occupait que des gens bien en cour, avait dit à Mlle Cochelet : « Votre reine a tourné la tête au roi. Il ne parle que d'elle ; il est enchanté de son esprit, de son tact, de toutes ses manières ; enfin on l'en plaisante au château. Je ne sais plus qui lui a dit : « Eh bien, Sire, puisque la duchesse de Saint-Leu plaît tant à Votre Majesté, qu'Elle « fasse prononcer son divorce et qu'Elle l'épouse. »

Les bonapartistes, eux, jugeaient plus sévèrement Hortense. Ils pensaient que, si elle s'était décidée à faire cette visite, c'est qu'il n'y avait aucune chance de restauration impériale ; ils s'en affligeaient, et, tout en tenant rancune à la reine pour cette démarche dont Mlle Cochelet cherchait à leur démontrer l'insignifiance, ils continuaient à aller chez elle.

Avec l'hiver, Hortense était rentrée à Paris. Son salon était très fréquenté, et, comme les bonapartistes en formaient le fond, il était surveillé par la police. Les amabilités de Louis XVIII n'empêchaient pas ses défiances. Voici un rapport de police, du 16 décembre 1814, sur la vie que menait alors Hortense dans son hôtel de la rue Cérutti, et sur les personnes qu'elle recevait : « Mme la duchesse se lève tard, passe ordinairement sa matinée à peindre. On voit souvent le matin chez elle des peintres, entre autres MM. Garnerey, Richard et Thionon ; on y voit aussi des gens d'affaires qui viennent conférer avec elle sur le procès qui se suit contre son époux qui lui donne beaucoup de chagrin. Elle se promène souvent avec ses enfants. Il y a deux fois par semaine réunion chez elle, les autres jours elle voit peu de monde. Parmi les personnes qui forment sa société habituelle, on distingue les généraux Colbert, Belliard, Lascour, le général de Rivière, aide de camp de *Monsieur*, M. Sosthène de la Rochefoucauld et M. Méjean, ex-secrétaire de son frère le prince Eugène. Deux habitués particuliers de la maison sont un abbé Bertrand et un baron de Vaux ; ce dernier passe pour être bien accueilli à la cour et chez les ministres. Lundi dernier, la duchesse a reçu beaucoup plus de monde qu'à l'ordinaire; on y a remarqué le duc et la duchesse de Bassano, Mme de la Borde, le maréchal Ney, les généraux Flahaut et Marchand ; beaucoup d'Anglais et d'Anglaises s'y trouvaient aussi.

« La maison de Mme la duchesse est tenue sans faste ; il y règne beaucoup d'ordre. Mme la duchesse est très aimée des personnes qui l'entourent[1]. »

Il était impossible que de tels visiteurs, surtout en de telles circonstances, ne parlassent pas politique. C'était pourtant interdit par la maîtresse de maison, mais si peu !... Hortense grondait parfois ; elle accompagnait ses reproches d'un sourire approbateur tout à fait encourageant : et l'on continuait. Les plus grondés étaient, comme de juste, M. de Flahaut et M. de Labédoyère. Comme Louis XVIII avait remplacé par l'effigie d'Henri IV le profil de Napoléon qui se trouvait sur la croix de la Légion d'honneur, M. de Flahaut et les autres officiers qui allaient chez la reine affectaient de ne point porter la croix sur leur uniforme.

Malgré le rapport de police très tranquillisant qu'on vient de lire, le gouvernement n'était pas fort tranquille du côté de la duchesse de Saint-Leu. L'opposition bonapartiste commençait à se former. On s'amusait des maladresses de la Restauration. On s'entretenait à voix basse, dans le peuple, d'un retour possible de Napoléon; « dans quelques salons, ceux de Mme Maret et de la duchesse de Saint-Leu, on en parlait ouvertement[2]. » La préfecture de police

1. Ch. Nauroy, *Les Secrets des Bonaparte*, p. 159.
2. Hyde de Neuville, *Mémoires*, t. II, p. 18.

Cliché Arch. Phot. Paris

Madame de KRUDENER et sa fille
d'après le tableau de Mme HOFFMANN

s'émut des bruits qui couraient et fit surveiller plus étroitement Hortense. Mais les agents de la police, ou bien ne voyaient rien, ou bien, en leur qualité d'anciens militaires, ne pouvaient pour la plupart voir qu'avec des yeux bienveillants, peut-être même un peu fermés, ce qu'ils étaient obligés de signaler. Voici un rapport intéressant du 26 décembre que M. Nauroy a trouvé aux *Archives nationales :*

« La duchesse de Saint-Leu continue à mener une vie tranquille et uniforme, se renfermant dans une société peu nombreuse, choisie et habituelle.

« Une visite inopinée faite par lord Wellington à la duchesse de Saint-Leu a un peu surpris. On a remarqué qu'il est resté avec elle dans son cabinet pendant plus d'une heure et que, pendant tout le temps qu'il a figuré au cercle, il a, contre son ordinaire qui est une extrême hauteur et un grand sérieux, montré à la duchesse la déférence la plus grande et la plus respectueuse, et à sa société les attentions les plus marquées.

« On parle peu politique chez Mme de Saint-Leu qui ne permet point qu'on traite un tel sujet, et avant-hier elle a dit à Mme la comtesse de Souza (mère du général Flahaut) qui voulait s'entretenir du général Exelmans dans le sens de son fils, « qu'il était temps que toutes les têtes exaltées se modérassent et restassent tranquilles.

« On apprend que les scellés ont été apposés hier par ordre supérieur chez Mme la duchesse de Saint-Leu et chez le cardinal Fesch [1]. »

La duchesse de Saint-Leu, qui se sentait très surveillée, ne voulait point qu'on parlât trop haut poli-

1. Ch. Nauroy, *Les Secrets des Bonaparte*, p. 162.

tique dans son salon ; elle ne voulait point effaroucher un gouvernement ombrageux qui aurait pu la faire repentir de la liberté de langage qu'elle eût toléré chez elle. Elle voulait éviter toute surveillance pour pouvoir, à l'occasion, agir en toute liberté. La visite de lord Wellington, qu'elle reçut dans son cabinet, et avec lequel, au dire de l'agent secret de la police, elle s'entretint pendant plus d'une heure, se rattache bien évidemment à la politique. A Londres, on ne parlait que du retour prochain de Napoléon en France, et, par suite de la coalition des puissances du Nord, cette perspective n'était pas envisagée sans quelque satisfaction [1].

Les craintes de Louis XVIII furent si vives qu'il fit, comme le dit cette note de police, mettre les scellés chez la duchesse de Saint-Leu, le 24 décembre. Mais Hortense avait été avertie de la mesure qui allait être prise contre elle. Elle enferma ses bijoux les plus précieux et ses diamants dans deux cassettes, en confia une à M. Alexandre de Girardin et l'autre à M. Boutiakin, secrétaire de l'ambassade de Russie, qui avait été spécialement chargé par l'empereur Alexandre de veiller sur ses intérêts.

Tout cela, naturellement, faisait grand bruit dans Paris. On y disait que la duchesse de Saint-Leu était à la tête d'une conspiration bonapartiste ; le peuple répétait : « Le *petit caporal* viendra nous délivrer aux violettes », c'est-à-dire au printemps, et le gouverne-

1. « Le colonel Campbell (commissaire anglais chargé de la surveillance de Napoléon à l'île d'Elbe) a été accusé d'avoir favorisé le départ de Bonaparte, au moins d'avoir fermé les yeux et empêché les croisières de l'arrêter. Qui peut dire s'il n'obéissait pas aux secrètes instructions de son gouvernement ? » (Hyde de Neuville, *Mémoires*, t. II, p. 36).

ment voyait dans ces propos un indice certain de la complicité d'Hortense dans un complot qui n'existait pas : on avait remarqué en effet qu'elle recevait chaque jour des bouquets de violettes de ses jardins de Saint-Leu, et la violette était l'emblème de ralliement choisi par les bonapartistes. On l'accusa même d'avoir été l'instigatrice de l'assassinat du général Quesnel dont on avait trouvé le cadavre dans la Seine, parce que, disait-on, les Bonapartistes craignaient que ce général, dont ils n'étaient pas sûrs, ne trahît la conspiration à la tête de laquelle était la duchesse de Saint-Leu.

CHAPITRE VIII

Embarras d'argent et procès. — Hortense perd son procès. — Retour de l'île d'Elbe : la duchesse de Saint-Leu est soupçonnée de l'avoir préparé. — Enfantillages d'Hortense. — Contradictions dans sa conduite. — Son entrevue avec Napoléon. — Les larmes d'Hortense et les acclamations du peuple. — Lettres d'Hortense. — Son bonheur. — Elle dessine la vue du Champ-de-Mars le 1er juin 1815. — Son salon pendant les Cent-Jours. — Napoléon et Hortense à la Malmaison après Waterloo. — Un collier de diamants. — Retour de Louis XVIII. — Effervescence à la cour contre Hortense. — Fouché décide Hortense à quitter Paris. — Elle se prépare à partir, quand elle est expulsée. — M. de Woyna. — Odyssée d'Hortense.

La duchesse de Saint-Leu ne songeait nullement à se mettre à la tête d'une conspiration : elle excitait certainement les haines politiques chez ses amis, mais à petit bruit et ne craignait rien tant que de se mettre en évidence. D'ailleurs, la présence dans son salon de royalistes connus, comme le marquis de Rivière qui, impliqué, sous le Consulat, dans le complot de Georges Cadoudal et condamné à mort, avait dû la vie à l'intervention de Joséphine, comme le vicomte Sosthène de la Rochefoucauld qui, au mois d'avril, avait si hautement arboré le drapeau blanc sur les boulevards, la mettait au-dessus de tout soupçon de conspiration active. La pauvre duchesse était, du reste, aux prises, en ce moment, avec les doubles ennuis de grands embarras d'argent et du procès qu'elle soutenait contre son mari.

Pour parer à ses embarras d'argent qui provenaient et de ses imprévoyantes dépenses et de la non observation du traité de Fontainebleau par Louis XVIII, qui ne lui faisait pas payer la pension qui lui avait été assignée, elle chercha à se défaire d'une quantité d'objets d'art et de bibelots précieux qui encombraient son hôtel.

Son procès lui donnait plus de soucis. Elle avait beau alléguer qu'elle avait été nommée régente par le roi son époux et que, par conséquent, elle avait reçu tout pouvoir sur ses enfants; elle avait beau rappeler que le traité du 11 avril, à Fontainebleau, en lui allouant une pension double de celle de son mari, lui déférait implicitement la garde et l'éducation des jeunes princes, elle ne pouvait se dissimuler que le tribunal n'aurait peut-être pas, sous les Bourbons, assez d'indépendance pour reconnaître valables les dispositions dictées par Napoléon. Ses avocats le lui faisaient pressentir. N'allaient-ils pas, dans leurs plaidoiries, jusqu'à ne pas oser prononcer le mot « l'empereur »! Tout au plus disaient-ils « Bonaparte ».

L'avocat de l'ex-roi de Hollande, l'illustre Tripier, demanda le 7 janvier 1815, dans sa plaidoirie, que la duchesse de Saint-Leu fût tenue de remettre à son client l'aîné de ses enfants. Après tout, ce n'était que justice. Et le fait de ne réclamer que l'aîné confirma, aux yeux du public, qui se rappelait les incidents de Cauterets en 1807, l'illégitimité du dernier fils d'Hortense.

L'avocat Bonnet, qui répliqua le 19 à Me Tripier,

s'efforça de faire triompher les prétentions d'Hortense. Il crut habile de s'appuyer sur les lettres-patentes délivrées le 30 mai 1814 à la duchesse de Saint-Leu par le roi Louis XVIII et fit intervenir la politique. « Tout est terminé, dit-il, par cet insigne bienfait *qui a trouvé des cœurs reconnaissants*. Que penser de cette indiscrète réclamation qui tend à faire un étranger du jeune duc de Saint-Leu? Peut-on l'enlever à sa mère, à sa patrie, à son roi?... Je ne veux pas jeter un coup d'œil indiscret sur les vues politiques qui peuvent être entrées dans les dispositions qui le concernent; je ne veux pas examiner si le séjour de cet enfant en France n'est pas dans l'intérêt de tous ceux entre qui ces conventions successives ont été faites, mais l'objet important, c'est l'intérêt de l'enfant. Le souverain légitime a investi Napoléon-Louis d'une dignité; il a été dans son intention que Napoléon-Louis restât Français. »

Il était assez étrange de voir la reine Hortense, par la voix de son avocat, porter la question sur le terrain politique, et cela pour se proclamer la sujette dévouée du roi Louis XVIII. M. Tripier remit les choses en leur véritable jour. « L'argument tiré de la séparation passagère des deux époux, dit-il, n'a aucune force pour déplacer la puissance paternelle. Si la séparation existe, c'est à elle toute seule que Mme de Saint-Leu doit l'attribuer. Il lui est facile de lever cet obstacle, de s'épargner la douleur de la séparation de son enfant : qui l'empêche de se réunir à son mari? Pourquoi ne pas faire ce léger sacrifice à celui-ci et à son affection maternelle? Peut-être les personnes d'une morale sévère reprocheront-elles à Mme de Saint-Leu sa conduite. Après avoir uni son sort à M. de Saint-Leu à une époque brillante où tout lui présageait une grande prospérité; après avoir reçu de cette alliance les titres les plus faits pour flatter l'orgueil, peut-être serait-il aujourd'hui de la loyauté, de la grandeur d'âme de Mme de Saint-Leu d'apporter des consolations à son époux dans l'adversité; mais si elle ne veut pas faire ce sacrifice, qu'elle n'en impute qu'à elle-même les conséquences. »

M. Tripier avait raison et ses paroles résumaient la situation d'Hortense dans toute sa vérité. La duchesse de Saint-Leu, en lisant sa plaidoirie, dut reconnaître en elle-même, avec dépit certainement, que tout ce qu'il disait était fondé non seulement en droit, mais aussi en simple morale. Dans le mariage, elle n'avait voulu prendre que le rang, les honneurs, la fortune et les avantages de toute sorte; elle n'avait négligé... oh! bien peu de chose! que les devoirs!

Le tribunal donna raison à Louis et accorda trois mois à sa femme pour lui remettre son fils aîné, à lui ou à telle personne qu'il désignerait pour le recevoir.

Ce jugement surprit le public. Une note de la police, en date du 2 mars, est curieuse à ce sujet : « On s'attend à ce que Mme la duchesse de Saint-Leu gagne sa cause. Les conclusions de M. Courtin (avocat général) confirment l'opinion que l'on avait que la cour s'intéresse à cette dame, et l'on dit à ce sujet que les tribunaux seront à l'avenir des cabinets où tout se décidera par la raison d'État[1]. »

Quant à la duchesse de Saint-Leu, ne sachant encore à quoi elle se résoudrait, elle commença par mettre ses enfants à l'abri de toute recherche; elle ne les voyait pas, mais son mari ne les voyait pas non plus, et c'était tout ce qu'elle voulait. D'ailleurs, un

1. Ch. Nauroy, *Les Secrets des Bonaparte*, p. 162.

grand événement, qu'elle apprit le jour même de la perte de son procès, lui enleva ses préoccupations : l'empereur Napoléon avait quitté l'île d'Elbe; il était en France!

C'est d'un Anglais, lord Kinnaird, qu'Hortense tint cette étonnante nouvelle. En l'apprenant, elle ne sut que penser et devint pâle comme une morte.

— En êtes-vous bien sûr? dit-elle enfin.

— Absolument sûr, répondit lord Kinnaird; je quitte à l'instant même le duc d'Orléans : il se disposait à suivre le comte d'Artois, parti depuis hier.

Le jour même elle dit à Mlle Cochelet, mais peut-être ne lui parlait-elle pas dans la franchise de ses pensées, ou bien Mlle Cochelet a-t-elle oublié la part de ses espérances : « Je déplore grandement la résolution de l'empereur; je donnerais tout ce que je possède pour empêcher son retour en France, parce que je suis convaincue qu'il n'y a pas d'espoir de succès pour lui, et nous aurons une guerre civile déplorable, et l'empereur peut se trouver au nombre des victimes. »

Il est certain que, tant que l'on put douter de l'issue de l'entreprise de Napoléon, la duchesse de Saint-Leu se tint sur une très grande réserve. Elle protestait, à tout hasard, contre cette tentative, afin que ses paroles parvinssent jusqu'à Louis XVIII. Car M. Boutiakin était venu la prévenir qu'on l'accusait à la cour d'avoir préparé le retour de Bonaparte et qu'il était sérieusement question de l'arrêter — pas Bonaparte, mais elle. Pouvait-on croire, en effet, que Napoléon se fût jeté dans une telle entreprise s'il ne se connaissait pas, pour réussir, de grands et de secrets moyens? Et pourtant cela était.

Hortense sembla d'abord vouloir faire face à ces

Cliché Braun

FOUCHÉ
d'après un tableau de DUBUFE

R. H. II — IX

accusations et se laisser arrêter si l'on avait l'intention de le faire. Mais Fouché, qui jugeait prudent devant les événements de se mettre d'abord en sûreté, lui conseilla d'en faire autant et lui demanda la clef de son jardin, dont le mur, qui donnait rue Taitbout, était mitoyen du sien. Il songeait à s'échapper par là, au cas où l'on viendrait l'arrêter. M. de Bourrienne, qui venait d'être nommé préfet de police, fut assez maladroit pour ordonner cette sottise et rapprocher ainsi Fouché de l'empereur. Fouché franchit le mur de son jardin au moyen d'une échelle et sortit par la porte du jardin d'Hortense. Il courut se réfugier chez un de ses amis, M. Gaillard, ancien oratorien comme lui, qu'il avait fait nommer conseiller à la cour de Paris. Le chancelier Pasquier dit qu'il demeura chez la reine Hortense jusqu'au 20 mars[1]. C'est là une erreur. Avant de partir, il avait fortement engagé la reine Hortense à se mettre elle aussi à l'abri. Elle suivit ce conseil et se réfugia rue Duphot chez une créole de la Martinique, qui était jadis venue en France avec Joséphine.

Le trajet n'était pas long de la rue Cérutti à la rue Duphot, dix minutes à peine. Il était cependant difficile à Hortense de le faire sans être reconnue. On discuta la façon dont elle quitterait son hôtel. Elle proposa de s'en aller au bras du baron de Vaux. On lui répondit que c'était doubler les chances de se faire reconnaitre. Mlle Cochelet offrit le bras de son frère.

— Oh! répondit Hortense, je n'oserai jamais sortir au bras d'un jeune homme.

Cette réflexion était celle d'une petite fille; elle affichait de plus une sévérité dans le respect exterieur

1. Chancelier Pasquier, *Mémoires*, t. III, p. 147.

des convenances qui s'accordait mal avec l'extrême liberté qu'avait la reine dans sa vie privée; si c'était une plaisanterie, elle était déplacée.

Il fallut cependant se résoudre à sortir *au bras d'un jeune homme*. Il ne semble pas, d'ailleurs, qu'Hortense en ait été plus ennuyée que cela. Elle prit les vêtements de Mlle Cochelet pour mieux dépister la surveillance, et, quand elle se vit sous le manteau de sa demoiselle de compagnie, le fou rire la prit et ne la quittait pas. On finit cependant par lui faire comprendre que ces rires étaient intempestifs. Elle se calma et franchit le seuil de son hôtel au bras du jeune Cochelet. Mais, toujours petite fille, le rire la reprit en se voyant à pied, seule avec lui; il redoubla quand elle s'aperçut qu'elle avait gardé, pour marcher sur le pavé, des pantoufles de satin et des bas brodés. Et, comme les passants regardaient avec étonnement cette jeune femme si gaie dans des moments si graves pour la France — elle avait oublié cela! — son rire devint inextinguible. Elle arriva enfin rue Duphot : il était temps, car elle eût été infailliblement suivie et reconnue par quelque policier.

Cependant Napoléon s'avançait avec une rapidité qui déconcertait les lenteurs du vieux roi et de ses conseillers. Louis XVIII, pour ne pas être le prisonnier de Napoléon, abandonna les Tuileries.

Hortense exulte, mais elle ne veut pas encore avouer ce qu'elle pense et, parlant pour l'histoire, comme toujours dans les grandes circonstances, elle dit : « Louis XVIII, vieux et infirme, forcé d'abandonner sa patrie, m'inspire une profonde douleur. Le malheur des Bourbons m'intéresse, je me mets à leur place et je les trouve bien à plaindre. Je ne me souviens plus que de la manière aimable dont le roi m'a reçue; j'espère qu'on ne leur fera aucun mal. »

Cette pauvre Hortense avait la tête tournée par le retour de Napoléon. Pour une femme qui visait à devenir une femme politique — bien qu'elle prétendit toujours n'aimer que le repos et la solitude — elle se montrait en ce moment une vraie girouette. Se croyant déjà aux Tuileries et toute-puissante, elle offrit sa protection au duc et à la duchesse d'Orléans, elle voulait se charger de leurs enfants. « Je répondrai d'eux, disait-elle, car je n'ai rien à redouter du peuple. » Et, affichant toujours de beaux sentiments, elle ajoutait : « Je ne puis oublier la manière dont le duc d'Orléans a accueilli mon frère Eugène en lui rappelant qu'il était l'ami de son père; c'est un devoir pour moi de leur être utile. » Le duc d'Orléans déclina cette offre gracieuse et son secrétaire répondit à l'envoyé d'Hortense, tant c'était une conviction générale que la fille de Joséphine avait préparé la fuite de l'île d'Elbe : « C'est cette duchesse de Saint-Leu qui nous perd! »

En même temps, comme elle n'était pas sans inquiétude sur la façon dont Napoléon l'accueillerait, elle qu'il avait adoptée pour sa fille, qu'il avait faite reine et qui était allée mendier les faveurs d'un Bourbon, elle voulut conquérir sa bienveillance et le fit prévenir que des royalistes exaltés, revêtus de l'uniforme des chasseurs de la Garde, avaient quitté Paris pour l'aller assassiner. Le même jour, par la plus singulière contradiction, peut-être aussi par une prévoyance trop grande de l'avenir, cette femme sans consistance crut habile d'écrire à Louis XVIII qu'elle était étrangère à tout ce qui venait de se passer.

Cela fait, elle attendit, avec toutes les fièvres d'une

ambition qui allait enfin se voir satisfaite, le retour de Napoléon et de la Fortune.

Le 20 mars au soir, l'empereur montait l'escalier des Tuileries. Quelques instants après, Hortense était auprès de lui. Mais une telle foule se pressait autour du souverain si miraculeusement revenu, qu'elle ne put que lui faire un court compliment. L'empereur lui rendit un froid salut et lui dit qu'il la recevrait le lendemain matin.

La duchesse de Saint-Leu, ou plutôt la reine Hortense, car elle avait jeté aux orties sa défroque royaliste, fut exacte au rendez-vous. Elle avait envoyé chercher ses enfants et les amenait à l'empereur. Pour flatter le maître, car son salut glacial de la veille ne présageait rien de bon, elle leur avait fait mettre un joli uniforme de hussards, qui leur allait à ravir. Napoléon les considéra quelques instants avec une émotion visible, puis son visage se glaça, son œil devint sévère et dur. Il demanda compte à sa belle-fille de la conduite de sa mère et de la sienne depuis son départ pour l'île d'Elbe. « Que signifiaient toutes ces platitudes devant les souverains alliés? Est-ce ainsi que devaient se comporter la femme, la fille de Napoléon envers ceux qui venaient de le jeter en bas de son trône? Est-ce qu'il n'eût pas éte plus digne à elles de mendier un asile, s'il l'avait fallu, auprès des Français, que de mendier des titres et des terres auprès de ses ennemis? Le dernier des soldats se fût estimé heureux de partager son pain avec la fille de son empereur! D'où venait une pareille aberration morale? « Aviez-vous donc si peu compris votre situation que vous ayiez pu renoncer à votre nom, au rang que vous teniez de moi?... Vous, accepter un titre des Bourbons! Était-ce là votre devoir? »

Hortense s'attendait bien à quelque froideur, mais non à un pareil accueil. Comme elle n'avait pas eu entièrement conscience de la vilenie de sa conduite ni de celle de sa mère qui avait demandé à Louis XVIII la *permission* de continuer à porter son titre d'impératrice, elle demeurait debout, interdite, toute blanche de surprise.

— Sire, dit-elle enfin, ma mère n'avait personne qu'elle-même pour la soutenir dans cette lutte où la vengeance que vous aviez provoquée l'atteignait au front!... Pauvre victime! Deux fois frappée!... Lui fallait-il donc se taire et ne pas stipuler au moins pour avoir un tombeau dans des lieux où, après avoir possédé deux trônes, elle en était réduite à craindre de n'avoir pas un asile pour y mourir en paix[1] ?

— Oui! aurait dû répondre l'empereur; mille fois oui!...

Mais son cœur s'amollit à l'air de douleur de sa belle-fille. « L'impératrice Joséphine, dit-il, devait attendre que je fusse incapable de la servir, et que ce fût certain!... Eh quoi! il n'y avait pas un mois que j'étais exilé, et déjà elle traitait avec mes persécuteurs! Elle! Joséphine! La femme de mon choix! Celle que jamais je n'aurais éloignée de mon palais sans la question impérieuse de la raison d'État! Joséphine!... Oh! jamais je ne l'aurais attendu d'elle! »

Napoléon, on l'a dit, en amour et en femmes demeura toujours un sous-lieutenant.

1. Duchesse d'Abrantès, *Mémoires sur la Restauration*, t. II, p. 128. — Le traité du 11 avril stipulait une rente considérable pour Joséphine; elle possédait pour plusieurs millions de diamants, bijoux, objets d'art; elle n'était donc pas réduite à la mendicité. D'ailleurs Napoléon ne l'eût laissée manquer de rien

— Mais, Sire, dit Hortense, Votre Majesté oublie dans quelle position elle nous a laissées... Quant à moi...

Hortense oubliait elle-même que Napoléon, en donnant par an *trois millions* à Joséphine, sans compter une foule de cadeaux précieux, dont 600,000 francs en or, ne la laissait pas précisément sans ressources; qu'en recevant, elle-même, *deux millions* par an, elle ne pouvait pas se dire dans la misère. Et c'est ce qu'elle appelait être sans ressources ! Que leur fallait-il donc, à ces deux femmes? Quels services avaient-elles rendus à leur pays pour qu'il dût les entretenir au lieu d'une masse de veuves de militaires tués sur les champs de bataille, qui n'avaient pour vivre et nourrir leurs enfants que le chétif produit du travail de leurs mains?

— Et puis, ajouta Hortense, ne devais-je pas penser à l'avenir de mes enfants, puisque l'abdication de Votre Majesté...

— Vos enfants! s'écria l'empereur, vos enfants n'étaient-ils pas mes neveux avant d'être vos fils? L'avez-vous oublié? Vous croyez-vous le droit de les faire déchoir du rang qui leur appartenait?

Et, comme Hortense le regardait éperdue : « Vous n'avez donc pas lu le Code? ajouta l'empereur avec une colère croissante; vous ignorez donc que la loi défend de changer l'état des mineurs et de faire en leur nom aucune renonciation? »

Hortense le suivait, tandis qu'il parcourait la pièce à grands pas : elle se hasarda à répondre qu'elle n'avait pris conseil que de son cœur.

— Alors, lui répliqua l'empereur, il aurait dû vous dire, madame, que quand on a partagé les prospérités d'une famille, il faut savoir en subir les adversités.

C'était dur, mais juste et mérité.

De plus en plus angoissée, Hortense eut recours à un moyen qui, elle le savait, triomphait toujours de l'empereur. Ses larmes jaillirent à flots, elle sanglota et ne put plus parler.

L'empereur était ému. Il se promenait avec agitation. Arrivé devant une fenêtre ouverte qui donnait sur le Pont-Royal, la foule qui couvrait le pont et les quais l'aperçut. Une immense acclamation s'éleva : les vitres en tremblaient !

Prompt à saisir l'occasion, comme sur le champ de bataille pour décider la victoire, Napoléon entraîna par le bras devant la fenêtre Hortense, dont le visage était couvert de larmes. Il la fit saluer le peuple qui le saluait lui-même de ses vivats frénétiques ; il la fit sourire au travers de ses larmes, — et ce bon peuple crut que la reine Hortense pleurait du bonheur de voir accueillir l'empereur avec tant d'enthousiasme et de voir aussi qu'elle avait une place dans son affection.

Le lendemain, le *Moniteur* contenait la note suivante :

« Hier, S. M. l'empereur était dans son cabinet avec la reine Hortense et les princes ses neveux ; les acclamations du peuple, dont la foule était immense au-dessous des fenêtres de Sa Majesté, l'ayant appelée sur le balcon, la reine Hortense fut tellement émue des preuves d'attachement du peuple de Paris, qu'elle fondit en larmes et offrit ainsi à la foule attendrie le spectacle touchant de son visage baigné de pleurs, que faisait couler l'amour du peuple pour son auguste père. »

Hortense dut bien rire en lisant cet entrefilet officiel.

La réconciliation était faite. Hortense, en l'absence de Marie-Louise, dut faire les honneurs des Tuileries. Elle s'acquittait avec enivrement de cette tâche. Toujours frivole, elle disait : « Les Bourbons ne savaient pas représenter comme nous, leur cour était d'un mesquin à faire pitié. Pas une femme un peu élégante ! Et la duchesse d'Angoulême ! Comme elle se mettait mal !... »

En vérité, il était difficile de se montrer plus *jeune pensionnaire!* Hortense oubliait encore que les millions nécessaires à cette représentation dont elle était si fière sortaient, en définitive, de la poche du peuple et représentaient bien des privations, bien des larmes souvent, dans une masse de pauvres familles. Et le gouvernement de la Restauration, dont elle critiquait précisément l'acte où il s'était montré le plus sage, méritait beaucoup d'éloges pour l'économie qu'il avait voulue sur ce chapitre. C'était bien le moment de se livrer à de fastueuses depenses quand la France mutilée, après les désastres de Russie en 1812, après ceux d'Allemagne en 1813, après ceux de l'invasion en 1814, après l'indemnité de 800 millions donnée aux Alliés, épuisée d'hommes et d'argent, criait grâce, avait besoin de la paix pour se refaire, et n'avait en perspective qu'une épouvantable guerre à bref délai!

Napoléon chargea Hortense d'écrire de sa part à Marie-Louise pour lui dire tout le bonheur qu'il aurait à la voir revenir prendre sa place à côté de lui sur le trône de France. Il la chargea aussi d'écrire à Eugène, et elle le fit avec un vif enthousiasme.

Cette lettre est trop importante pour ne pas être reproduite ici : elle fut interceptée et mise sous les

Cliché Braun

BENJAMIN CONSTANT
d'après un tableau de Melle L. VALLIER

yeux de l'empereur Alexandre, qui ne la pardonna jamais à celle qui l'avait écrite. La voici :

« Mon cher Eugène, un enthousiasme dont tu ne peux pas te faire une idée ramène l'empereur en France[1]. Je viens de le voir. Il m'a reçue très froidement, je crois qu'il désapprouve mon séjour ici. Il m'a dit qu'il comptait sur toi et qu'il t'avait écrit de Lyon. Grand Dieu !... J'espère que nous n'aurons pas la guerre ! Elle ne viendra pas, je pense, de l'empereur de Russie, car il l'a grandement déplorée ; je l'implore pour qu'il nous laisse la paix : use de ton influence sur lui, c'est rendre service à l'humanité. J'espère te revoir bientôt. J'ai été obligée de me cacher pendant douze jours, on faisait circuler de misérables calomnies sur mon compte. Adieu, je suis morte de fatigue. »

Tandis qu'elle tenait la plume, Hortense écrivit aussi des lettres pour son propre compte. Toujours soigneuse de se ménager les sympathies des personnes en vue, elle adressa à Mme Récamier le billet suivant :

23 mars 1815.

« J'espère que vous êtes tranquille, que vous ne quittez pas Paris où vous avez des amis, et que vous vous reposez sur moi du soin de vos intérêts. Je suis persuadée que je n'aurai même pas l'occasion de vous être utile. C'est bien ce que je désire ; mais

1. Excepté dans l'armée et chez Hortense, l'enthousiasme était nul. Napoléon lui-même a dit à Mollien : « Ils m'ont laissé venir comme ils ont laissé partir les autres. » La France n'avait soif que de paix, de tranquillité et aussi de liberté. Mais la situation était telle qu'on ne pouvait rien avoir de tout cela avec Napoléon.

dans toute circonstance, comptez sur moi et croyez que je serai heureuse de vous prouver les sentiments que je vous ai voués.

« HORTENSE. »

Pendant que la reine Hortense se livrait ainsi à sa correspondance, son mari, à Rome, écrivait également. Non à sa femme, mais à l'empereur. Il lui parlait d'Hortense, mais pour lui demander de nouveau l'autorisation de divorcer. Napoléon la lui refusa aussi catégoriquement que par le passé. « Les statuts de famille, disait-il, le défendaient formellement; la politique, la morale et l'opinion ne s'y opposaient pas moins [1]. »

Hortense se consolait de cette inflexibilité de l'empereur sur la question du divorce en remplaçant aux Tuileries l'impératrice Marie-Louise qui, décidément, ne revenait pas à Paris. Elle faisait les honneurs du palais, accordait des audiences, faisait un vrai métier d'impératrice. Tout cela l'enchantait. Elle n'avait pas cessé cependant d'habiter son hôtel ; elle venait tous les jours aux Tuileries à sept heures et y restait jusqu'à dix heures.

Après avoir reçu pour l'empereur, elle recevait alors pour son propre compte, et maintenant la politique n'était plus bannie des conversations : elle avait même détrôné momentanément la musique. Hortense ne mettait plus, en souriant, sa main sur la bouche de M. de Labédoyère pour l'empêcher de parler de son fanatisme pour l'empereur : elle comblait d'attentions ce jeune colonel auquel Napoléon devait la conquête de son trône. M. de Lawœstine parlait des propos qu'il avait tenus devant M. Boutiakin et

1. *Mémorial de Sainte-Hélène*, t. III, p. 512.

M. Pozzo di Borgo, et c'était une gaieté folle à la pensée de la déconvenue des royalistes. Chacun y allait alors de sa petite histoire; Hortense ne manquait pas de rappeler les mesures de suspicion dont elle avait été l'objet de la part du gouvernement de la Restauration, ses persécutions, son évasion de chez elle à la barbe de la police, sa claustration pendant douze jours dans un cinquième étage à peine meublé. « J'avais mal aux jambes de rester ainsi enfermée, disait-elle en oubliant qu'elle ne sortait jamais qu'en voiture; et puis je n'avais pas d'air et l'on me défendait de me mettre à la fenêtre! Ah! je me souviendrai toujours de cette torture! »

L'on eût dit, en vérité, qu'elle venait d'accomplir des prodiges d'héroïsme pour avoir passé douze jours dans un appartement! Et, comme elle terminait généralement ses phrases par un mot à effet, une maxime, un trait qui devait la faire juger favorablement, elle ajouta : « Ah! combien je plains les pauvres prisonniers! » Et chacun de s'extasier sur le bon cœur et la sensibilité de la reine.

Une de ses ambitions — et celle-là n'avait rien que de très louable — était de se faire une réputation de bienveillance et de bonté. Un peu moins de bruit, de réclame, eût peut-être été à souhaiter dans le bien qu'elle faisait; elle l'eût peut-être aussi fait plus utilement en recherchant les misères discrètes qu'en s'occupant des infortunes bruyantes ou princières. Enfin, c'était du bien tout de même et il faut louer Hortense de l'avoir fait. C'est ainsi qu'elle parla à Napoléon en faveur de la duchesse douairière d'Orléans que la fracture d'une jambe empêchait alors de quitter Paris, et aussi de la duchesse de Bourbon. C'est sur sa recommandation que Napoléon permit à ces princesses de rester à Paris et qu'il fixa à la première une pension de 400,000 francs et une de 200,000 francs à la seconde. L'empereur pensait peut-être, par cette générosité, se rallier une partie des royalistes libéraux ; mais c'était là une illusion ; les libéraux d'aucun parti ne pouvaient adhérer à un régime aussi ennemi de toute liberté.

Enfin, la reine Hortense nageait dans la joie : elle recevait officiellement les corps constitués, les autorités militaires, les députations ; on la haranguait. « Au milieu des maux qui affligeaient la France, lui dit M. Gilbert des Voisins, président de la Cour d'appel, on avait vu avec bonheur que Votre Majesté était restée en France, et votre présence avait été pour tous les Parisiens une consolation, comme l'espoir qui reste aux cœurs déchirés qui souffrent. » Il est facile de s'imaginer ce que, sur ce thème et sur quelques autres, la flatterie put trouver à dire.

Un autre jour, on lui fit une ovation à un concert chez Carnot, ministre de l'intérieur. Des députés, enthousiasmés par la présence de la reine et par quelques mots gracieux qu'elle leur avait dit, s'écrièrent : « Nous soutiendrons, à la vie à la mort, la famille impériale. C'est la dynastie fondée par le peuple ! » Le concert se termina par une romance de la reine Hortense, celle dont le dernier vers de chaque couplet est :

Il faut défendre sa patrie !

Jamais phrase ne fut plus que celle-là de circonstance : oui, il fallait défendre la patrie. La France allait avoir toute l'Europe sur les bras : c'était le résultat fatal de ce merveilleux retour de l'île d'Elbe, et la chute seule de Napoléon semblait devoir mettre un terme à la terrible guerre qui allait commencer. Hortense ne voyait pas cela. Napoléon, lui, le sentait. Il se heurtait à chaque instant à des difficultés auxquelles il ne s'attendait pas lorsqu'il avait repris possession des Tuileries ; il devinait contre lui une défiance générale. Ce n'est qu'avec beaucoup de peine qu'il avait réussi à former un ministère ; il commençait à voir que son retour n'avait pas été si désiré qu'il se plaisait à le croire ; que la jeunesse avait pris goût, sous Louis XVIII, à toutes les libertés que lui, Napoléon, supprimait ; que l'on ne voulait plus de ces guerres continuelles qui, depuis un quart de siècle, désolaient et dépeuplaient l'Europe ; que la pensée humaine enfin prétendait ne plus être étouffée sous la discipline militaire et le despotisme d'un soldat couronné. Et, en ce moment, tous les hommes de sens et de réflexion étaient navrés et ne voyaient pour le pays qu'un long avenir de malheurs.

Il fut moins long qu'on ne le pensait.

Le 1er juin fut tenu le Champ de Mai. Une grande et large tribune avait été construite le long de la façade de l'École militaire ; elle était richement décorée et des mâts faisaient flotter en l'air des drapeaux aux couleurs nationales. Dans cette tribune avaient pris place les membres de la famille impériale alors à Paris, les ministres, les principaux personnages et fonctionnaires de l'Empire. Jamais, depuis la fête de la Fédération, en 1790, le Champ de Mars n'avait été couvert d'une foule aussi nombreuse. Cette foule formait le cadre d'un tableau magique : soixante mille baïonnettes étincelaient au soleil, des cavaliers parcouraient ventre à terre le front des troupes, portant des ordres d'une extrémité à l'autre de la plaine. Tout à coup le canon retentit : c'est l'empereur avec sa suite. Ces vêtements de satin blanc brodés d'or, ces manteaux de cour détonnaient au milieu des circonstances graves où l'on se trouvait. On sentait que la France se préparait à un suprême effort, on se disait que le sang allait dans quelques jours commencer à couler par torrents; les habits de satin blanc n'étaient pas ce qui eût convenu : l'horizon était trop chargé de nuages menaçants... « C'était, a dit M. Henri Houssaye, le spectre de la guerre qui présidait cette fête. Il y avait des vivats, mais pas un cri de joie[1]. »

Pendant cette scène émouvante, la reine Hortense, au lieu de prendre place dans la tribune impériale, était allée se poster sur le haut de la butte[2] qui, de l'autre côté de la Seine, domine le Champ de Mars et sur laquelle Napoléon avait eu l'idée, en 1811, de faire construire un palais pour le roi de Rome qui venait de naître. « Je crois voir encore, a écrit un témoin oculaire, Hortense dessinant cet imposant tableau; elle avait à ses côtés ses deux fils, non moins remarquables par leur beauté que par l'élégance de leurs habits de hussards; et ces enfants, auxquels la situation du roi de Rome pouvait réserver un avenir immense, l'inexorable destinée condamnait l'un à une mort prématurée et aurait fait subir à l'autre une mort encore plus affreuse si Louis-Philippe ne l'avait arraché au supplice dont son attentat de Strasbourg l'avait rendu passible[3]. »

1. Henri Houssaye, *1815*, ch. vi.
2. Aujourd'hui le Trocadéro.
3. Général baron Thiébault, *Mémoires*, t. V, p. 338. — Ces lignes ont été écrites sous le gouvernement de Juillet, après l'attentat de Strasbourg et avant celui de Boulogne. Si le général Thiébault avait pu prévoir l'avenir réservé à celui que Louis-

Les départs pour l'armée, le travail surhumain des hauts fonctionnaires qui ne leur laissait pas un moment de liberté, avaient vidé rapidement les salons de la reine Hortense. Le peu de confiance dans l'avenir diminua vite aussi le nombre des solliciteurs et la reine se vit avec chagrin revenir à la solitude « qu'elle aimait tant. » Elle n'avait plus qu'un cercle assez restreint d'intimes. Un jour cependant, où il y avait plus de monde qu'à l'ordinaire, Benjamin Constant, qui ne savait trop en ce moment s'il devait être royaliste ou bonapartiste, mais qui était toujours plein d'esprit et de talent, vint lire son roman d'*Adolphe*. On fit ensuite de la musique. Puis Labédoyère eut un grand succès auprès des dames en leur enseignant, avec son entrain pittoresque un peu soldat tout en demeurant de bonne compagnie, le langage poétique des fleurs : il imagina de dire qu'il était facile de correspondre ainsi, d'une façon tacite, dans un salon. C'était là l'embryon de la télégraphie optique appliquée à l'art de la guerre, mais Labédoyère ne s'en doutait pas. « On peut, disait-il, se parler aussi par d'autres intermédiaires que les fleurs. Les diamants, les rubis, les saphirs sont d'excellents alphabets : quelle est la femme qui ne saura imaginer le moyen de s'en servir comme d'un télégraphe muet et discret? » Et il formait des devises au moyen de cet alphabet de pierres précieuses, les faisait lire aux dames après leur en avoir donné la clef, et plus d'une jeune femme, dans son enthousiasme d'avoir appris de si belles choses, se fit, dès le lendemain, monter en bracelet telle devise que lui avait fait dé-

Philippe arracha à un châtiment bien mérité, il eût certainement regretté la clémence du roi.

chiffrer le sémillant officier, — tandis que celui-ci partait à la tête de son régiment, que toute l'Europe retentissait du bruit des armes et que l'armée française se mettait en marche vers... Waterloo!

La reine Hortense venait d'avoir un chagrin. La lettre qu'elle avait écrite à son frère avait été interceptée et communiquée à tous les souverains réunis au congrès de Vienne. « L'empereur Alexandre était sous l'empire d'une violente exaltation... Un piqueur, parti de Paris, avait apporté des lettres de la reine Hortense... qui parlaient de l'enthousiasme avec lequel le retour de l'empereur avait été accueilli, des espérances qu'on avait conçues de la prochaine arrivée de l'impératrice et de son fils, et du projet de la reine Hortense d'aller les recevoir à Strasbourg. Quelques expressions qui avaient blessé l'empereur Alexandre s'étaient glissées dans la lettre de la reine[1]... » Aussi Alexandre lui fit-il écrire par M. Boutiakin un billet lui disant que l'Europe ne ferait ni paix ni trève avec CET HOMME et qu'il était inutile de se laisser aller à la moindre illusion.

Hortense fut excessivement contrariée de ce billet; la froideur qui y régnait, l'animosité nullement dissimulée contre Napoléon lui firent craindre qu'elle n'eût perdu les bonnes grâces de l'empereur de Russie. Mais comme elle espérait que les armées françaises allaient reprendre leur marche victorieuse de jadis, elle se plut à croire que l'avenir et les victoires arrangeraient sa petite affaire avec Alexandre. Et avec sa mobilité ordinaire, elle pensa à d'autres choses. Aussi bien était-elle préoccupée du choix d'un gouverneur pour ses enfants. Car maintenant

1. MÉNEVAL, *Mémoires*, t. III, p. 437.

Cliché Tallandier

WATERLOO
Lithographie de RAFFET

elle les gardait, ses enfants. Le jugement rendu par le tribunal du roi ne signifiait plus rien, et la volonté de l'empereur était — on ne sait trop pourquoi, par exemple — qu'Hortense gardât ses enfants et ne les donnât pas à leur père. Elle offrit la place de gouverneur des jeunes princes à M. Victor de Tracy, fils de l'illustre philosophe et lui-même distingué par un ensemble de qualités et de vertus qui lui valaient l'estime de tout le monde. Mais M. de Tracy déclina son offre.

Cependant l'empereur était parti pour l'armée. Il perdit la bataille de Waterloo et, six jours après son départ de Paris, il rentrait, non aux Tuileries, trop grandes pour un vaincu, mais à l'Élysée. Il abdiquait, proclamait son fils sous le nom de Napoléon II et se retirait à la Malmaison pour méditer sur ce qui lui restait à faire.

La Malmaison, par suite de la mort de Joséphine, était maintenant la propriété de ses enfants. L'empereur avait dû demander à Hortense la permission de s'y retirer. Hortense lui en fit les honneurs avec des soins généreux et une affection toute filiale qui lui adoucirent un peu les amertumes de l'adversité. Comme une de ses amies, lui rappelant les calomnies qu'on avait jadis répandues sur elle, sous le Consulat, l'engageait à ne pas habiter sous le même toit que l'empereur pour ne point donner à la médisance de nouvelles occasions de s'exercer, Hortense répondit avec une réelle dignité de caractère cette fois : « Je ne m'inquiète pas de ces calomnies, et elles ne m'empêcheront pas de faire mon devoir. L'empereur m'a toujours traitée comme son enfant, et je ne cesserai jamais d'être pour lui une fille affectueuse et dévouée. » L'adversité semblait donner un peu de gravité à Hortense ; de plus, à force de formuler, pour les autres, de beaux et nobles sentiments, elle finissait, le malheur aidant, par en profiter un peu, absolument comme si elle s'était prêchée elle-même ; enfin, elle avait cette fois le désir de montrer à Napoléon que, si elle l'avait oublié lors du premier retour des Bourbons, rien ne l'empêcherait maintenant de remplir son devoir de reconnaissance envers lui.

On a dit que la reine Hortense, ne pouvant se faire à l'idée de l'abdication de Napoléon, cherchait à lui rendre courage, à lui faire voir la situation sous un jour plus favorable, à relever ses espérances et le décider à se remettre à la tête des affaires. C'est possible, et voici qui tendrait à le prouver : Méneval se promenant avec l'empereur dans le parc de la Malmaison, Napoléon lui dit qu' « il voulait aller habiter l'Angleterre, ajoutant qu'il prétendait y jouir des prérogatives auxquelles avait droit un citoyen anglais... « Sans cette condition, ajouta-t-il avec vivacité, je me remets à la tête des affaires. » Méneval lui faisant observer que, si telle était sa pensée, il ne fallait pas perdre un instant pour la mettre à exécution, l'empereur répondit : « J'ai ici un bataillon de ma garde qui arrêterait Becker[1] si je disais un mot et qui me servirait d'escorte. » Mais il ne le tenta pas et Hortense en fut pour ses frais d'éloquence envers Napoléon et envers tous les officiers qu'elle exhortait aussi, a-t-on dit, à une résistance à outrance.

L'heure de la séparation était arrivée. Napoléon était décidé à partir pour Rochefort. Il allait monter en voiture lorsque Hortense lui offrit son grand collier

1. Le général Becker avait été chargé par le gouvernement provisoire de surveiller Napoléon.

de diamants : « Vous pourrez en avoir besoin, Sire, dit-elle ; il vaut huit cent mille francs. » L'empereur se refusait à l'accepter. Enfin sa fille adoptive insista avec tant de bonne grâce qu'il le prit et le mit dans sa poche. Ce collier fut ensuite cousu dans une ceinture de soie noire que Napoléon porta dès lors sous ses vêtements. Il le confia à M. de Las-Cases sur le *Bellérophon*. A Sainte-Hélène, M. de Las-Cases, au moment où on l'embarquait pour l'Europe, le fit remettre par un Anglais à l'empereur. Avant de mourir, Napoléon le confia à M. de Montholon avec la recommandation de le rapporter à Hortense dès qu'il le pourrait. M. de Montholon, revenu en Europe, s'acquitta religieusement de sa mission et c'est ainsi qu'Hortense rentra en possession de son grand collier de diamants [1].

Napoléon, en finissant par accepter ce don d'Hortense, lui délivra une délégation sur sa liste civile, mais tout cela fut saisi au retour de Louis XVIII.

Le départ de l'empereur avait jeté le désespoir dans une grande partie de l'armée, qui lui était sincèrement attachée. Des officiers, ne pouvant se résoudre à voir revenir le gouvernement des Bourbons, qui s'était conduit avec si peu de générosité et tant de maladresse à leur égard, voulaient tenter un coup de force et ramener Napoléon au pouvoir. Hortense venait de rentrer à Paris. Son salon était le rendez-vous de tous ces exaltés. Le général Exelmans, les colonels de Lascours et de Lawœstine lui disaient qu'avec de l'énergie on pourrait rétablir les affaires. « L'armée ne demande qu'à venger sa défaite de Wa-

1. En 1835, ayant besoin d'argent, Hortense le céda au roi de Bavière moyennant une rente viagère de 23,000 francs. Le roi fit une bonne affaire, car Hortense mourut deux ans après.

terloo, disaient-ils ; qu'on la fasse marcher ; le peuple veut des armes, qu'on lui en donne ! Quant à vous, Madame, venez avec nous, venez au milieu de cette armée où Votre Majesté compte autant d'amis dévoués qu'il y a d'officiers et de soldats. » — « Pour moi, disait philosophiquement Labédoyère, si les Bourbons reviennent, mon affaire est certaine ; je serai fusillé le premier[1] ».

— Il est trop tard ! répondait Hortense d'un air à la fois touché et navré ; il est trop tard ! Tout est fini maintenant... Oh ! pourquoi l'empereur est-il parti !... »

Et, après quelques minutes de silence, elle ajouta :

— Je ne suis pas dans une position qui me permette de prendre un parti tel que celui que vous me proposez. Je dois subir mon sort. Je ne suis plus rien puisque l'empereur n'est plus qu'un simple particulier. Je n'ai pas le droit de rallier les troupes autour de moi...

Le lendemain, M. Courtois, ancien conventionnel, vint la trouver. Il lui apportait le vœu d'une réunion d'officiers généraux et d'officiers supérieurs qui avaient décidé de renverser le gouvernement provisoire et de replacer à la tête de l'armée l'empereur Napoléon : personne plus que lui n'était capable de chasser l'ennemi du territoire français ; toute l'armée le suivrait dans cette guerre sainte. Une fois l'ennemi chassé, la France verrait ce qu'elle aurait à faire.

Hortense n'eut qu'à répondre que l'empereur était déjà sur la route de Rochefort, pour faire tomber cette généreuse exaltation et ce plan auquel on pouvait adresser plus d'une critique.

1. Il ne se trompait pas : il fut fusillé dans la plaine de Grenelle le 19 août 1815.

Il n'y avait plus rien à faire. Chacun le comprit bientôt. Il n'y avait qu'à se résigner. Hortense le voyait comme tout le monde. « Si j'avais été la souveraine de France, répondit-elle à ceux qui venaient la presser de tenter quelque chose, j'aurais fait tout au monde pour qu'on se défendît ; j'en avais donné le conseil à ma sœur, l'impératrice Marie-Louise, en 1814 ; mais, aujourd'hui, il ne m'appartient pas de mêler mes destinées à d'aussi grands intérêts, et je dois me résigner. »

C'est ce qu'elle faisait. Dans cette résignation, elle était assise un soir sur la terrasse de son hôtel et regardait mélancoliquement la foule qui se portait au devant de Louis XVIII à Saint-Denis, quand certains exaltés, dont le triomphe n'eût pas été complet s'il n'avait insulté le malheur, la reconnurent et lancèrent contre elle des imprécations. Elle se retira, mais, dans la crainte qu'on ne forçât sa porte et qu'on ne vînt l'insulter jusque chez elle, elle crut prudent de louer, sous un nom russe, un petit appartement dans le voisinage. Elle s'y installa et attendit ainsi des temps meilleurs. Il n'en devait plus être pour elle.

Fouché, reconnaissant du service qu'elle lui avait rendu lorsqu'il allait être arrêté par ordre de Bourrienne, au commencement du mois de mars de cette même année, la prévint qu'il y avait en haut lieu une grande effervescence contre elle. On ne l'appelait plus la *reine royaliste*. On disait autour de Louis XVIII que la duchesse de Saint-Leu avait parcouru les rues de Paris, au retour de Napoléon de Waterloo, qu'elle avait appelé le peuple aux armes et l'avait excité à repousser les Bourbons par la force. Fouché concluait en lui recommandant la plus grande prudence.

Sortie un jour pour prendre l'air, Hortense, qui

recommençait à se faire appeler duchesse de Saint-Leu, put se convaincre que Fouché avait raison de l'engager à la prudence : elle entendit proférer des menaces contre elle. Aussi se détermina-t-elle à ne plus sortir du petit appartement qu'elle avait loué. Elle ne pouvait invoquer la protection de l'empereur de Russie, car elle se rappelait le billet que M. Boutiakin lui avait écrit de sa part.

Les Alliés avaient fait leur entrée dans Paris le 10 juillet. L'hôtel de la rue Cérutti avait été occupé le jour même par le prince de Schwarzenberg. Hortense avait considéré ce choix comme la meilleure sauvegarde pour elle et avait fait préparer tout le rez-de-chaussée pour le maréchal autrichien.

Tandis qu'elle s'occupait elle-même des dispositions à prendre, M. de Labédoyère, déguisé de façon à ne pouvoir être reconnu, s'était présenté pour la voir. Il ne lui cacha pas que, s'il était arrêté, sa conviction était qu'il payerait de sa vie le concours qu'il avait prêté à Napoléon dans un moment décisif qui avait assuré le succès de sa marche sur Lyon et sur Paris. Il lui fit ses adieux. Elle ne devait plus le revoir.

Les avis de Fouché, ceux de Labédoyère la décidèrent à quitter Paris. Aussi bien avait-elle reconnu que ses appréhensions sur les bonnes dispositions de l'empereur Alexandre étaient fondées. Ce souverain était venu à son hôtel, avait fait visite à M. de Schwarzenberg et n'avait pas demandé à la voir; il ne s'était même pas informé d'elle! C'était significatif. Cependant elle ne comprenait rien à sa disgrâce et en ressentait un secret et amer dépit. On a dit que Louis XVIII avait demandé au czar de ne pas renouer ses relations avec la duchesse de Saint-Leu. C'est possible, mais Alexandre était décidé, avant cette démarche, si elle fut faite, à ne pas revoir Hortense. On a dit aussi que Mme de Krudner avait usé de sa mystérieuse influence sur lui pour lui faire abandonner toute relation avec une femme de la famille Bonaparte. Cela est moins probable : n'avait-elle pas reçu elle-même, l'année précédente, la duchesse de Saint-Leu à Bade? Quoi qu'il en soit, les journaux annoncèrent un jour qu'Hortense était allée voir le czar. Le lendemain, le *Moniteur* démentait cette nouvelle et ajoutait ce commentaire outrageant que, si elle s'était présentée chez lui, l'empereur de Russie ne l'aurait pas reçue.

Il fallait, de toute évidence, que ce journal fût autorisé à tenir un pareil langage. Hortense le comprit. Elle comprit aussi que ce méchant entrefilet serait le signal d'un déchainement universel contre elle. Il fallait donc partir, et au plus vite. Mais, avec son imprévoyance ordinaire, elle se trouvait sans argent[1]. Comment faire? Le moment était mal choisi pour vendre ses collections d'objets d'art; quant à faire un emprunt, il n'y fallait pas songer. Elle fit proposer à M. de Talleyrand de lui acheter quelques tableaux. Pour lui être agréable, il en prit un qu'il paya 16,000 francs; quelques autres trouvèrent aussi des acquéreurs. Elle se disposait à se mettre en

1. Ce n'était pourtant pas faute d'en avoir reçu de l'Empereur. D'un tableau des dépenses faites par Napoléon pendant les Cent-Jours, nous extrayons ce qui suit :

A la princesse Hortense, en délégations, obligations et effets.	829.997 fr. 61
A la même, en délégation sur le département de la Meuse	324.621 fr. 00
Total.	1.154.618 fr. 61

(Th. Jung, *Lucien Bonaparte et ses Mémoires*, t. III, p. 359).

route quand le duc de Vicence lui donna le conseil de réclamer directement à l'empereur Alexandre sa protection et de lui demander des passeports. Ici, Hortense montra de la dignité et du caractère. « Eh! je sais bien, répondit-elle à Caulaincourt, que sa protection me serait indispensable, mais en ce moment j'aimerais mieux la demander à l'empereur d'Autriche qu'à tout autre souverain. » On sait qu'elle avait une haine aveugle et inexplicable pour l'Autriche.

Il lui fallait cependant des passeports pour se mettre en route. Elle ne savait comment les demander quand la cour des Tuileries, inquiète de la savoir toujours à Paris, obtint du roi l'ordre de lui faire quitter la France. Le préfet de police, à ce moment, était M. Decazes. Cet ancien ami et protégé de la reine Hortense était fort embarrassé pour signifier un ordre aussi outrageant à celle qui lui avait témoigné tant de sollicitude à Cauterets, en 1807, et qui l'avait tiré de la situation subalterne où il aurait sans doute végété longtemps sans sa bienveillante intervention. Dans cette conjoncture, il eut recours à M. d'Arjuzon et le pria de communiquer l'ordre du roi à Hortense. M. d'Arjuzon se refusa à remplir une telle mission auprès de celle dont il avait été chevalier d'honneur. M. Decazes était dans une grande perplexité lorsque les alliés le tirèrent subitement d'embarras.

Le bruit courut, on ne sait pourquoi, d'un complot militaire : on disait qu'il était organisé par la reine Hortense. Sans examiner si un pareil complot, en ce moment, était possible, le général prussien de Müffling, gouverneur de Paris, envoya, le 19 juillet au matin, l'ordre à la duchesse de Saint-Leu de quitter la capitale sous deux heures. Hortense eut beau s'indigner d'une pareille mesure contre une femme, l'ordre fut maintenu. On lui accorda seulement un sursis jusqu'au soir. On lui offrit en même temps une escorte de soldats prussiens pour la protéger. Elle la refusa, mais demanda qu'un officier fût chargé de l'accompagner. On le lui accorda aussitôt, moins sans doute pour veiller à sa sûreté que pour être certain qu'elle ne s'arrêterait pas sur un point quelconque du territoire français. Cette sauvegarde, cependant, devait lui être utile.

L'officier désigné pour l'accompagner était M. de Woyna, aide de camp du prince de Schwarzenberg et chambellan de l'empereur d'Autriche. Il était fort jeune, à peine vingt ans. Il se montra si attentionné, si plein d'une courtoise sollicitude pour celle qu'il avait mission de conduire en Suisse, qu'il ne tarda pas à en faire la conquête.

Ce n'avait pas été une petite affaire pour Hortense que de se préparer à un tel voyage. Elle emmenait avec elle ses enfants, M. de Marmold, une femme de chambre et un valet de pied. Mlle Cochelet restait à Paris pour arranger ses affaires : elle devait lui rapporter plus tard en Suisse ses diamants, ses bijoux et l'argent de la vente de ses tableaux et de ses collections.

Elle était partie de chez elle à neuf heures du soir. Elle coucha au château de Bercy et, le lendemain matin, reprit la route de l'exil. Plus d'une fois, durant le voyage, le peuple, qui avait souffert et souffrait encore de tous les maux de l'invasion, lui témoigna son animosité contre Napoléon, qui en était responsable. On se fût même porté à des voies de fait contre sa personne et celle de ses enfants, si M. de Woyna ne s'était interposé courageusement pour la protéger. A

Dijon, elle courut de véritables dangers et elle dit elle-même, dans ses *Mémoires inédits*, qu'une sauvegarde autrichienne lui fut envoyée par le général autrichien qui commandait Dijon, afin de l'arracher aux fureurs des royalistes. A Dôle, ce fut à elle, au contraire, de protéger son protecteur M. de Woyna : le peuple belliqueux de cette région de l'Est s'était attaché à l'Empire et croyait que ce jeune officier étranger emmenait la reine Hortense prisonnière.

A Aix-les-Bains, elle eut une agréable surprise. M. de Flahaut, qui ne l'avait pu voir à Paris par suite de son départ précipité, vint la saluer et lui exprimer de nouveau son attachement et son dévouement. Puis il fallut se remettre en route, et c'est l'esprit accablé de tout ce qu'elle avait vu depuis deux mois que la duchesse de Saint-Leu arriva à Genève.

La municipalité de Genève ne se montra point hospitalière : elle signifia à la fugitive d'avoir à se retirer sur l'heure. La pauvre femme commençait son apprentissage de l'exil. Elle alla alors s'établir dans le petit château de Prégny, que sa mère avait acheté sur les bords du Léman, au cours d'un voyage qu'elle avait fait après son divorce. Là, elle était chez elle : allait-elle enfin y être un peu tranquille? Pas encore. Le comte de Talleyrand, ministre de France en Suisse, s'effaroucha de voir une Bonaparte si près des frontières du royaume de France, et, parlant au nom de Louis XVIII, demanda au gouvernement de Genève de la renvoyer sans délai. La réclamation de M. de Talleyrand fut écoutée et le comte de Woyna dut lui transmettre la décision de la ville de Genève lui intimant l'ordre de s'éloigner. Excédée, à bout de patience, Hortense s'écria, en entendant cette injonction : « Alors je n'ai plus qu'à me jeter dans le lac, car il faut bien que je sois quelque part. »

Le bon M. de Woyna ne savait que faire de sa reine. Il lui proposa de la ramener en France, de la laisser dans une ville quelconque, à Bourg, par exemple, puisqu'à Dijon l'on était trop monté contre elle, et de courir à Paris se munir de nouvelles instructions. On tint conseil, on discuta. Hortense parla de se réfugier à Aix-les-Bains : elle aimait cette jolie petite ville, ses magnifiques environs, bien qu'elle y eût perdu son amie la plus chère, Adèle de Broc. Elle espérait que là on la laisserait en paix. On se décida donc pour Aix-les-Bains. On y alla, mais la tranquillité, Hortense cette fois ne l'y trouva point : elle avait compté sans les autorités sardes qui lui firent toutes sortes de chicanes.

M. de Woyna, pendant ce temps, ne restait pas inactif : il montrait un zèle et un dévouement d'autant plus méritoires qu'il se dépensait ainsi pour la belle-fille de celui qui avait fait tant de mal à l'Autriche. Sur ses instances, les ministres des puissances alliées, à Paris, avaient décidé que la duchesse de Saint-Leu serait autorisée à habiter la Suisse, mais qu'elle y serait sous la surveillance des agents diplomatiques de la Sainte-Alliance. Mais les autorités suisses n'admirent pas sans discuter la décision des ministres des quatre grandes puissances (Angleterre, Autriche, Prusse et Russie) et entamèrent des négociations pour qu'on ne leur imposât pas la présence de la duchesse de Saint-Leu. Elles alléguaient notamment une déclaration antérieure des quatre cours, portant que les individus compris dans la deuxième classe des bannis — la première se composant des individus arrêtés avec Napoléon — ne pourraient séjourner ni en Suisse, ni en Allemagne, ni dans les Pays-Bas, ni en Italie. Elles répondirent par une fin de non-recevoir.

Pendant toutes ces négociations, la duchesse de Saint-Leu, à Aix, n'avait pas trouvé la tranquillité qu'elle cherchait. Les vexations administratives excitaient sa bile et exerçaient sa patience. Cela l'eût, en somme, touchée médiocrement et elle en prenait philosophiquement son parti, quand des inquiétudes d'une autre sorte vinrent la relancer.

Depuis la seconde abdication de Napoléon, Louis Bonaparte, qui était à Rome, songeait à faire exécuter le jugement du tribunal civil de la Seine qui, on s'en souvient, lui avait confié la garde et l'éducation de son fils aîné. Rien maintenant ne pouvait s'opposer à l'exécution du jugement. Il envoya donc à Aix-les-Bains un homme en qui il avait toute confiance, le baron de Zuiten, pour réclamer son fils à la duchesse de Saint-Leu. Hortense eut beau dire et beau faire, il n'était plus en son pouvoir de s'opposer à la volonté de son mari. Elle recula tant qu'elle put le moment où elle serait forcée d'obéir et dut finir par se soumettre. Ce ne fut pas sans larmes, par exemple; mais, une fois la première douleur passée, elle se remit à lutter contre les difficultés de toute sorte qu'elle trouvait à s'établir dans un lieu qu'elle voulait le plus proche possible de la France. Aussi bien y avait-il quelque urgence à le trouver, ce lieu; la police française ne voyait pas sans inquiétude la prolongation de son séjour à Aix, et, comme la reine désirait se fixer à Constance, dans les États du grand-duc de Bade, mari de sa cousine Stéphanie, il fallait se hâter d'en obtenir l'autorisation. Devant la mauvaise volonté du gouvernement suisse, le duc de Richelieu dut s'en mêler et la duchesse de Saint-Leu eut enfin ses passeports pour Constance.

Mais la pauvre femme n'était pas au bout de ses peines. Au milieu de tant de déboires, ses nerfs, fortement tendus par la lutte, l'avaient soutenue dans ses fatigues tant physiques que morales; dans le repos, assez relatif cependant, qu'elle trouva à Aix-les-Bains, une détente s'opéra en elle et la malheureuse Hortense tomba dans un état de faiblesse à faire pitié : accablée moralement aussi, elle n'essayait plus de lutter et, naturellement, se trouvait plus malade. Elle n'eut bientôt plus la force de faire un pas. Elle disait, en mettant sa main sur sa poitrine : « J'ai un poids là! Je n'ai pas d'air... J'étouffe! » On la portait alors en chaise sur le haut de la colline de Tresserve, et là, dominant le lac du Bourget, en face d'un panorama merveilleux, son agitation se calmait peu à peu, sa poitrine se soulevait avec moins de force et elle goûtait enfin un peu de repos. Elle en profitait pour prendre ses crayons et dessiner un coin de paysage ou même une vue d'ensemble. C'étaient là ses belles journées, mais elle n'en eut ni beaucoup ni longtemps. La mauvaise saison commençait; on était au mois de novembre; il fallait se décider à se mettre à la recherche d'un abri. Aussi bien le gouvernement français ne voulait pas qu'on tolérât plus longtemps sa présence à Aix. Hortense partit donc le 28 novembre. Sa vie errante et d'aventures recommença. Ne voulant point aller à l'auberge passer sa première nuit, alors qu'elle était si près de son château de Prégny, elle s'y rendit. Elle ne s'attendait pas à ne pas être tranquille, douze heures seulement, chez elle. C'est pourtant ce qui lui arriva. Des gendarmes cernèrent le château; le sous-préfet lui représenta qu' « il n'était pas autorisé à tolérer son séjour dans son arrondissement[1] ». Elle passa cependant deux nuits à Prégny; mais, pendant ce temps, sa maison demeura entourée d'un cordon d'agents et le sous-préfet y vint faire une perquisition.

Ces vexations étaient assurément odieuses et inutiles, mais, il faut le reconnaître, la reine Hortense, avec son insouciance d'enfant, semblait prendre à tâche d'exciter la défiance des autorités. Voici, en effet, ce qu'on lit dans une lettre adressée par M. du Martroy, préfet de l'Ain, au ministre de la police :

Bourg, 11 octobre.

« Je ne dissimule pas à Votre Excellence que le séjour de Mme Hortense à Prégny offrirait de graves inconvénients et accréditerait les bruits absurdes qui ne cessent de circuler. Les dons considérables que, par bienfaisance ou par quelque autre motif, cette dame répand autour d'elle lui concilient l'affection du peuple et lui attirerait (*sic*) de nombreux auxiliaires dans le cas peu douteux où elle chercherait à nuire au gouvernement, et il lui serait très facile de le faire lans un pays où les esprits sont si mal disposés et où il règne si peu d'attachement pour la cause royale. Je fus instruit, il y a peu de jours, que, lors de son premier passage à Gex, des cris de « *Vive l'empereur!* » se firent entendre; quelques personnes prétendent même que, arrivée à l'extrémité du faubourg, elle jeta de sa voiture, au peuple assemblé, des poignées de monnaie pour faire redoubler ces mêmes cris, ce qui lui réussit complètement. Je pense donc, Monseigneur, que

1. *Lettre de M. du Martroy, préfet de l'Ain, au ministre de la police.* Archives nationales, Ch. Nauroy. *Les Secrets des Bonaparte*, p. 175-176.

pour la tranquillité de ce département et de ceux qui l'avoisinent, Mme Louis Bonaparte ne doit pas être autorisée à séjourner à Prégny, et je prie Votre Excellence de lui faire enjoindre de s'éloigner. Je la ferai observer avec soin jusqu'à ce que j'aie reçu les ordres de Votre Excellence[1] ».

Et Son Excellence, qui était M. Decazes, avait approuvé; c'est sur son ordre, envoyé de Paris, que la duchesse de Saint-Leu avait été chassée de chez elle après avoir été gardée à vue.

Son odyssée continua donc. Elle était le 1er décembre à Payerne. Là, elle reçut une visite, celle du général de cavalerie Ameil, qui avait jugé à propos de se déguiser pour détourner les soupçons. C'est ce qui en fit naître. Les autorités s'émurent, donnèrent des ordres et, à peine Hortense arrivait-elle à Morat, qu'elle était arrêtée par les gendarmes comme une simple rôdeuse. On la retint deux jours, puis on la laissa aller. A Berne, nouvelle apparition des gendarmes : ces braves gens apprennent à la duchesse de Saint-Leu qu'elle va subir un interrogatoire. Effectivement, un commissaire de police arrive et la questionne. Il veut savoir quel est le personnage déguisé qu'elle a reçu à Payerne; il lui soutient que c'est Joseph Bonaparte, son beau-frère. Sur ses dénégations, on arrête un de ses domestiques et comme, après vingt-quatre heures de détention, on n'a pu le faire parler, on laisse Hortense continuer sa route.

Enfin elle arrive à Constance! Son cousin, le grand-duc de Bade, va la prendre sous sa protection;

1. *Lettre de M. du Martroy, préfet de l'Ain, au ministre de la police.* Archives nationales. Ch. Nauroy. *Les Secrets des Bonaparte*, p. 169.

finies, les tribulations ; finie, cette vie errante comme celle d'un malfaiteur poursuivi par les gendarmes!.. Elle le croit, du moins. Hélas! le mari de sa gentille cousine Stéphanie est bien un grand-duc, mais il n'est pas un grand cœur. Recevoir dans ses États une femme que Louis XVIII ne veut pas dans les siens, que la Suisse chasse de chez elle !.. c'était fort grave, tout cela !... Cette femme, à la vérité, était la cousine de la sienne, il lui avait même plus d'une obligation... C'était bien ennuyeux! Que diable sa cousine Hortense s'avisait-elle de venir le troubler dans sa tranquillité? Est-ce qu'il n'y avait pas d'autres villes où elle eût mieux fait d'aller? Elle y aurait été plus tranquille, et lui aussi. Et puis, ne savait-elle pas que les puissances alliées voulaient lui faire répudier sa femme, oui, cette charmante Stéphanie qui avait tourné la tête de Napoléon, et qu'il avait toutes les peines du monde à leur faire entendre raison? Il ne le pourra plus, s'il a maintenant Hortense sur les bras. Ah! il avait bien besoin qu'on levât ce lièvre-là!

Bref, le grand-duc ne permit pas à sa chère cousine de rester sur ses terres. Hortense parlementa ; elle n'avait pas envie de continuer cette existence de juif errant. Stéphanie s'en mêla : elle fit honte à son mari de sa pusillanimité; elle lui dit qu'il serait temps de renvoyer Hortense quand les puissances l'exigeraient, mais, qu'en attendant, il fallait bien la subir : elle se portait garante, d'ailleurs, qu'elle ne donnerait lieu à aucune plainte. En même temps elle écrivait à Hortense : « Prenez patience, tenez-vous bien tranquille, et peut-être au printemps, tout s'arrangera. D'ici là, les passions seront calmées et bien des choses oubliées. » C'était le langage de la raison et de l'ex-

Le port de CONSTANCE d'après une gravure de F. HEGI

Cliché Tallandier

périence recouvrant habilement celui de l'affection. Hortense prit patience comme sa cousine l'exhortait à le faire et tout s'arrangea. Elle vivait à l'auberge, ne faisant rien, se reposant l'esprit et le corps de tout ce qu'elle avait vu et fait depuis tant de mois.

Au commencement de l'année 1816, elle se décida à quitter l'hôtel: c'était pourtant le seul endroit où elle fût traitée en reine, et c'est pour cela aussi qu'elle le quittait : sa bourse n'y aurait pas résisté longtemps. Elle loua une petite maison sur le bord du lac de Constance. Elle eut un piano, fit venir de la musique, reprit ses crayons, et la vie dès lors devint pour elle assez agréable. Elle envoyait ses dessins à Isabey et composait de nouvelles romances que lui inspiraient les paysages du lac de Constance. Elle reçut aussi quelques visites dans son ermitage. La princesse régnante de Hohenzollern-Sigmaringen vint la voir. Hortense fut d'autant plus sensible à cette visite que la princesse eut la délicatesse de la traiter en reine. Eugène aussi vint la voir et passa quelques jours avec elle. De Munich, c'était si près!

Il n'en fallait pas davantage pour jeter l'alarme dans le camp diplomatique. M. de Metternich crut devoir prendre des mesures préventives. Il informa la duchesse de Saint-Leu, avec la plus grande courtoisie d'ailleurs[1], qu'ayant appris que les bords du lac de Constance avaient eu le bonheur de lui plaire, il avait, lui, l'honneur de lui envoyer un passeport pour Bregentz. Il ajoutait qu'il serait d'autant plus heureux de la voir à Bregentz que là, au moins, il avait la certitude qu'elle jouirait de la plus grande

1. M. de Metternich est parmi les nombreux amants qu'on a prêtés à la reine Hortense.

tranquillité ; ne se trouverait-elle pas sous la protection des autorités autrichiennes?

Hortense fut assez tentée de se rendre à l'invitation de M. de Metternich. Bregentz est si près de Constance! Mais ayant réfléchi que *protection*, ici, voulait dire *surveillance*, elle préféra demeurer à Constance jusqu'à nouvel ordre.

C'est à cette époque qu'elle fut victime d'une odieuse escroquerie. On jugeait à Lyon le général Mouton-Duvernet; la réaction royaliste voulait sa mort comme elle avait voulu celle de Labédoyère et du maréchal Ney, comme elle avait voulu celle des généraux Chartran, à Lille; Travot, à Rennes; Gruyer, à Strasbourg; de Vaudoncourt, à Metz, etc. Elle l'obtint comme elle avait obtenu celle des autres. Les exécutions de généraux étaient alors monnaie courante. Un individu se présenta peu de jours après la condamnation à mort du général Mouton-Duvernet, chez la duchesse de Saint-Leu. Il était porteur d'une lettre par laquelle on demandait à Hortense de contribuer à l'évasion de cet infortuné général en donnant une somme de 20,000 francs nécessaire pour corrompre ses gardiens. Heureuse de participer au salut de ce brave soldat, Hortense, qui n'avait pas sous la main la somme qu'on lui demandait, engagea un fort beau diamant et remit les 20,000 francs au porteur de la lettre. La pauvre femme en fut pour ses 20,000 francs. Son voleur poussa même l'audace et l'outrecuidance jusqu'à la dénoncer comme coupable de complicité dans la conspiration Didier, à Grenoble, qui fut réprimée d'une façon si sauvage et où M. Decazes se souilla d'un sang dont son nom ne pourra jamais se laver.

Cependant les beaux jours étaient revenus. Hortense en profita pour aller voir son frère, qui habitait, au sud de Munich, sur les bords du lac Wurm, une maison de campagne que son beau-père avait mise à sa disposition. Puis, les médecins de Munich lui ayant conseillé de faire une cure de petit-lait de chèvre à Gais, dans les montagnes du frais Appenzell, elle s'y rendit.

CHAPITRE IX

Bienveillance des habitants du canton de Thurgovie pour Hortense. — Lettre de l'ex-roi de Hollande à sa femme. — Acquisition du château d'Arenenberg. — Hortense ne sait pas s'occuper de l'éducation de ses enfants. — Lettre du roi Louis à ce sujet. — Mariage du fils aîné d'Hortense. — Hortense va passer l'hiver à Rome. — Son salon. — Elle fait à Rome la rencontre de Mme Récamier. — Leurs relations. — Un bal chez le prince Torlonia. — Mauvaises nouvelles du prince Eugène : sa mort. — Chagrin d'Hortense : sa lettre à Mme Récamier. — Hortense se rend à Munich. — Retour à Arenenberg. — M. d'Haussonville dans le salon de la duchesse de Saint-Leu, à Rome. — M. Cottreau, *ami* de la duchesse. — Révolution de 1830. — Projets ambitieux d'Hortense : son voyage d'Italie en 1830-1831. — Conspiration contre le gouvernement papal.

Cette fois, elle n'eut pas à se plaindre de l'hospitalité suisse, au contraire. Le landamman du canton, M. Zelwegner, qui ne partageait pas les idées de réaction à outrance qui pesaient alors sur la France et débordaient sur les pays voisins, jouissait d'un grand crédit auprès de ses administrés, mais non auprès de la Cour de France. Son canton avait refusé de fournir, au mépris des capitulations, le contingent pour la garde suisse de Louis XVIII, et le chargé d'affaires de France en rejetait la responsabilité sur

M. Zelwegner. Le landamman fit le meilleur accueil à Hortense[1]. Cet accueil fut même si empressé que le chargé d'affaires de Prusse à Berne, le fameux Justus Grüner, entendant M. Zelwegner parler de la duchesse de Saint-Leu avec enthousiasme, lui dit absolument ce qu'un courtisan facétieux avait dit à Louis XVIII : « Mais, si elle vous plait tant, épousez-là. » Le roi de France avait souri : le landamman, lui, prit la chose au sérieux et trouva que le conseil était bon. Il ignorait sans doute la fâcheuse réputation qu'avait Hortense à Paris, ainsi que les historiettes graveleuses qui couraient sur son compte et amusaient tant le vieillard libertin qui régnait aux Tuileries. Sa résolution fut vite prise. Il était veuf, il demanda Hortense en mariage. Il allait au-devant de toute objection en disant que le divorce, en Suisse, était autorisé, et que rien ne serait plus simple, à Appenzell, que de la démarier d'avec M. Louis Bonaparte.

Il y avait longtemps que la reine Hortense n'avait ri de si bon cœur. La lettre du landamman lui cau-

1. Ceci résulte de la lettre suivante, adressée par le comte Auguste de Talleyrand au ministre de la police : « Zurich, 6 août 1816. Monsieur le comte, Votre Excellence m'a prié de lui donner quelques notions sur la manière dont Mme Hortense serait reçue dans le pays d'Appenzell. M. Zelwegner, landamman de ce canton, lui a fait toutes les avances possibles et lui a donné un grand diner, ce qui me met dans le plus grand embarras, car si je me plains, je suis sûr de n'avoir que de mauvaises réponses et que le peuple même de ce canton démocratique approuvera son landamman ; d'autant que Mme Hortense, répandant de l'argent dans le pays, ne peut manquer d'y être aimée... J'ai peur que cette femme, qui est fort adroite, n'ait engagé M. Zelwegner à permettre que les lettres qu'elle reçoit lui soient expédiées sous son couvert, car depuis huit jours aucunes ne lui ont été envoyées aux adresses accoutumées... » (Ch. Nauroy, *Les Secrets des Bonaparte*, p. 180-181.)

sait des accès d'hilarité incoercible. Elle se tordait, littéralement sur son canapé. Elle écrivit cependant une lettre sérieuse à M. Zelwegner et refusa sa proposition avec tant de grâce qu'il n'y avait pas moyen de s'en fâcher. M. Zelwegner, malgré cette folie, était homme d'esprit : il n'insista pas, mais sollicita d'Hortense le titre d'ami, et celle-ci le lui décerna de bien bon cœur.

La bienveillance qu'elle avait trouvée dans le canton d'Appenzell était étendue maintenant à celui de Thurgovie qui forme, dans presque toute sa longueur, la rive méridionale du lac de Constance; les habitants lui envoyèrent même une députation chargée de lui dire qu'ils seraient aussi heureux que flattés si elle daignait leur faire l'honneur de se fixer parmi eux. Hortense, qui avait été en butte à tant de mauvais procédés, fut reconnaissante de cette offre toute spontanée, et c'est sans doute ce qui la décida, l'année suivante, à faire l'acquisition du château d'Arenenberg. En attendant, elle profitait des bonnes dispositions qu'on avait pour elle en faisant des excursions dans le pays. L'air des montagnes était bon pour sa santé et lui rendait des forces; sa gaieté revenait. Elle revint tout à fait, même, quand elle reçut de son mari une lettre lui disant qu'il allait adresser au pape une demande en nullité de mariage et qu'il la priait de ne point s'y opposer.

Cette lettre est trop curieuse pour ne point être insérée ici dans son entier :

« Rome, 14 septembre 1816.

A la princesse Hortense.

« Madame,

« Toute la France sait que notre mariage a été

contracté malgré nous, par des raisons politiques, par la ferme et irrésistible volonté de mon frère et par le peu d'espérance que votre mère avait d'avoir des enfants.

« Quoique beaucoup de personnes de votre connaissance et de votre société soient mortes, cependant il en existe encore qui peuvent témoigner que le consentement que nous fûmes obligés de donner n'a jamais été libre, soit de mon côté, soit du vôtre, et que nous avons été tous les deux également victimes d'une injuste et fausse politique. On sait que j'aimais votre cousine Émilie, depuis Mme de La Valette, bien avant mon départ pour l'Égypte en 1798, et que par cette raison, dès lors même, je refusai les propositions de votre mère pour votre union avec moi.

... « En 1799, j'avais obstinément refusé de nouveau votre main, quand je demandai et obtins, par les soins de feu le maréchal Berthier, la permission d'aller en Prusse; j'espérais que vous épouseriez, pendant ce temps, le général Duroc qui vous recherchait.

« A mon retour, vous n'étiez pas encore mariée; mais je trouvai moyen de m'absenter encore, ayant réussi à faire comprendre mon régiment dans l'armée du général Leclercq (*sic*), mon beau-frère, qui marchait en Portugal. Ce deuxième voyage avait, de ma part, le même but et la même espérance. Avant de m'éloigner alors de Paris, je devais prendre congé de mon frère et de votre maman; je me rendis à la Malmaison, où ils se trouvaient alors, j'y fus retenu malgré moi, près de quinze jours; quoique mon régiment s'avançât de plus en plus vers l'Espagne, votre maman, mon frère et même votre sœur Caroline me pressaient pour ce mariage que je refusai obstinément; finalement, je partis de la Malmaison sans congé, dans la nuit, et rejoignis mon régiment à Bordeaux.

« Quelques mois après, la paix d'Amiens arriva; mon régiment, de retour d'Espagne, reçut l'ordre de revenir à Paris. Je m'arrêtai à Barèges et de là j'écrivis à ma sœur Elisa pour savoir si je pouvais aller à Paris sans craindre d'être pressé encore pour le mariage projeté. Elle me rassura entièrement en ajoutant que vous étiez promise à l'un des deux généraux Moreau ou Macdonald qui vous avaient également demandée.

« Je revins donc à Paris; rien ne me paraissait plus impossible que notre union. Cependant, peu de mois après, je fus marié avec vous; c'était le 2 janvier 1802!!!

« Le contrat, le mariage civil, le mariage religieux se suivirent immédiatement dans la même soirée. Je me souviens que, pendant la bénédiction, je vous donnai et vous reçûtes la bague d'alliance longuement, avec effort et en tremblant.

« Nous fûmes conduits à la chambre nuptiale par votre mère et mon frère; le mariage fut consommé pendant le mois que nous demeurâmes ensemble. Cependant que de larmes, de plaintes, de tristesse signalèrent cette époque! Et tous les jours que nous fûmes contraints de vivre ensemble depuis!! Tous ceux qui vous approchèrent, et l'on peut dire la majeure partie du public de Paris savent que nous fûmes conduits à cet acte par force. L'impérieuse et irrésistible volonté de mon frère, du chef du gouvernement et de ma famille me mettait, depuis de longues années, dans la pénible situation de devoir obéir à la fin ou bien m'expatrier et me mettre par là en état de guerre avec la France et ma famille, et me ranger ainsi parmi les émigrés, ce que je craignais plus que la mort.

« Depuis lors, plus de quatorze ans se sont écoulés et nous n'avons jamais été une seule fois d'accord !

« Dans une période de temps si considérable, nous avons à peine vécu trois mois et demi en époux et toujours avec des marques irrécusables d'aversion ou du moins d'éloignement ! Les trois mois furent partagés en trois époques, non seulement fort courtes, mais encore séparées par plusieurs années entières. La première dura à peu près un mois, c'est-à-dire jusqu'à ce que vous ayez eu des signes de grossesse. Je vous quittai pour me rendre à ma petite terre de Baillon, près de Chantilly, et ensuite à Barèges. Je fus rappelé plusieurs mois après à l'époque de la naissance de notre premier enfant. Nous habitâmes tout l'hiver sous le même toit, mais à des étages différents, et constamment séparés de corps.

« La deuxième fois où nous vécûmes conjugalement fut, après deux ans, à Compiègne, où nous restâmes environ deux mois et, enfin, à Toulouse, en 1807, depuis le 12 du mois d'août que vous vîntes me trouver de Cautrets *(sic)* jusqu'à notre arrivée à Saint-Cloud, vers la fin dudit mois.

« Pendant ces trois périodes, quoiqu'elles aient donné naissance à trois enfants, cependant tout Paris et on peut dire toute la France ont pu être témoins de notre éloignement réciproque, même en présence de votre maman et de mon frère.

« Jamais nous n'avons vécu conjugalement ensemble en Hollande, parce que nous étions plus libres.

« Voici plus de neuf ans passés depuis notre dernière réunion de quinze jours.

« Nous n'avons cessé, avant comme après cette dernière époque, de réclamer, moi ma liberté entière mais légitime, c'est-à-dire par l'autorité de l'Église, vous la séparation.

« Voilà, Madame, les faits sur lesquels j'ai basé ma demande de nullité de mariage. Je vous prie de ne point vous y opposer et d'éviter le grand scandale qui résulterait d'une contestation entre nous. Je vous instruis de mes principaux motifs, afin que vous sachiez que je n'allègue rien qui puisse vous blesser.

« Si nous pouvons nous obtenir notre liberté, nous cesserons, enfin, d'être si malheureux et nous serons moins ennemis que nous ne l'avons jamais été. Nos enfants n'en souffriront pas ; nés durant un mariage, ils sont étrangers à tout ce qui a rapport aux causes et aux circonstances. J'aurai pour eux les soins et les sentiments que j'ai toujours eus.

« Remarquez, je vous prie, que l'effet de cette libération ne sera ni aussi scandaleuse, ni aussi pénible que la situation dans laquelle nous avons toujours été et sommes encore l'un envers l'autre. Au contraire, la connaissance que le Saint-Siège aura de la vérité fera disparaître, aux yeux du monde et de l'histoire, tout ce que l'animosité, la calomnie et l'inimitié ont pu y ajouter.

« Enfin, Madame, si d'un côté vous et moi avons fait envers nos enfants tout ce que l'amour et le devoir prescrivaient, n'est-il pas temps, lorsque notre carrière est si avancée, de trouver enfin l'indépendance légitime à laquelle tout honnête homme a droit et cette position naturelle et sûre que, pour moi, je ne puis trouver que dans la fin d'un nœud aussi malheureux que blessant pour notre repos, notre bien-être et, j'oserais dire encore, notre réputation et notre conscience.

« Croyez, Madame, qu'aussitôt que je cesserai de sentir un poids insupportable, je l'oublierai entièrement. Je prendrai un vif intérêt à vous, à qui m'attachera notre communauté d'infortune.

« Je n'ai point hésité d'avancer que nous avons été contraints par toute sorte de voye (*sic*), puisque, quelque tort que cela puisse faire à nos caractères, cette contrainte de la part des parents n'est que trop commune, surtout quand ils sont, comme les nôtres étaient, et souverains et tuteurs. Mais quant à vous, il n'y a rien dans mes dépositions qui doive vous offenser.

« J'attends avec impatience votre réponse ; je serai moins malheureux, après une si longue souffrance, si je puis cesser d'en voir en vous la cause innocente peut-être, mais permanente, et si je puis espérer que l'époque de ma délivrance pourrait être encore celle d'une grande amélioration dans notre état, dans notre tranquillité et, si j'ose le dire, même dans la réputation de tous deux.

« Nos affaires d'intérêt seront faciles à régler après cela [1] ».

Mais le pape ne put trouver, malgré la meilleure volonté du monde, de cas de nullité dans un mariage consommé depuis quatorze ans et qui avait eu pour résultat trois enfants. Encore cette fois il fallut, de part et d'autre, faire le deuil de ses espérances et demeurer unis — c'est-à-dire séparés.

1. Claretie, *L'Empire, les Bonaparte et la Cour*, p. 32-37.

Pour charmer les longues soirées d'hiver que la musique et le dessin ne parvenaient pas à occuper entièrement, la duchesse de Saint-Leu se mit à écrire ses *Mémoires*. Nous en possédons quelques fragments se rapportant presque entièrement à l'année 1831 [1]. Le style d'Hortense y est assez volontiers à la Plutarque, si sa conduite ne l'est pas. Il serait à souhaiter qu'on se décidât à les publier dans leur intégralité. Et puis, Hortense recevait : toute la *société* de Constance allait à ses soirées et applaudissait de bon cœur et bien franchement ses romances [2]. Ces distractions innocentes, jointes à une visite que le duc de Leuchtenberg (prince Eugène) lui fit à la fin de novembre, donnèrent de l'ombrage en haut lieu : on signifia au grand-duc de Bade qu'il eût à expulser de ses États sa trop bruyante cousine. Cette fois, la gentille Stéphanie n'y put rien ; son mari ne pouvait entrer en lutte contre les grandes puissances de l'Europe. Force fut donc d'obéir. C'est alors que la duchesse de Saint-Leu se souvint des offres que lui avaient faites les bons habitants du canton de Thurgovie. Elle acheta, dans ce canton, le château d'Arenenberg [3] et demanda au gouvernement de Thurgovie

1. *La reine Hortense en Italie, en France et en Angleterre pendant l'année 1831*, fragments de ses Mémoires inédits. 1 vol. in-18.

2. « Elle s'amuse comme elle peut : la maison de Macaire, négociant, ancien émigré, de Genève, qui a une fabrique en coton ici et qui fait des affaires, lui donne des soupers et des bals...

« On a fait des dispositions dans sa maison (chez Hortense) pour monter un petit théâtre et pour y donner des pièces par les personnes de sa suite et quelques amateurs... » (Lettre du comte de Talleyrand au ministre de la police, Berne, 14 novembre 1816. — Archives nationales. — Ch. Nauroy).

3. Napoléon III en avait fait placer une vue dans son cabinet de toilette, aux Tuileries... « une méchante peinture dans la

l'autorisation de l'habiter. Elle l'obtint, après discussion, et le comte Auguste de Talleyrand n'en fut pas satisfait, à en juger par ces mots qu'il écrivit au ministre de la police le 24 février 1817 : « Il est sûr que le château d'Arenenberg, étant sur une montagne dans une position isolée près du lac de Constance, est très propre à faciliter des communications suspectes, et par conséquent très difficile à surveiller, vu que tous ceux qu'on voudrait employer, n'ayant aucune raison de se trouver dans ce pays, seraient considérés pour espions... »

Hortense se mit aussitôt à embellir son nouveau domaine : c'est le bonheur et l'occupation de tout propriétaire. Elle y passa l'été entier, enchantée des beaux ombrages et du bon air dont elle y jouissait. Heureuse d'avoir son habitation de campagne à elle, bien à elle, elle voulut aussi avoir une maison de ville. Elle en acheta une à Augsbourg et l'habita l'hiver. Cette maison était située rue Sainte-Croix. Elle prit plus tard le nom de palais Pappenheim, parce qu'un comte Pappenheim en fit l'acquisition.

Comme Arenenberg n'était pas bien loin de Munich, son frère venait l'y voir quelquefois, et elle était sûre, grâce à la sympathie qu'elle avait excitée chez les habitants du canton, d'être à l'abri des tracasseries policières et administratives.

Les relations qui s'étaient renouées, par correspondance, entre elle et son mari, au sujet de la nullité de

genre de Calame, un toit rouge, une tourelle, un coteau de ceux que Sainte-Beuve appelait les *coteaux modérés*, un rose horizon, un lac bleu, tout ce qui compose ces paysages suisses faits pour l'aquarelle... » (E. CLARETIE, *L'Empire, les Bonaparte et la Cour*, p. 11).

leur mariage qu'ils auraient voulu tous deux voir prononcer par la cour de Rome, avaient amené une sorte de détente dans leur animosité réciproque. L'espoir de n'avoir plus rien à démêler l'un avec l'autre les avait rapprochés quelque peu. Hortense pria son mari de lui envoyer pour quelques mois son fils aîné. Louis le lui envoya. On a dit qu'Hortense s'occupa beaucoup, en ce temps, de l'éducation de ses enfants. A en croire une lettre de son mari, elle ne sut pas surveiller cette éducation. Voici en effet ce que Louis lui écrivit en 1819 [1] :

« Marienbad, 15 juillet 1819.

« Si vous ne voulez pas quitter la Bavière, restez-y, mais dans quelque temps il faudra que Louis vienne aussi près de moi.

« Je sais qu'on s'est moqué de ce que je faisais pratiquer à mon fils tous les devoirs de sa religion et de ce que je lui ai fait apprendre à servir la messe. Mais on aurait dû se rappeler que, lorsqu'il m'a rejoint à Rome, il m'offrait le spectacle, plus que risible sans doute, d'un enfant de onze ans tranchant sur tout ce qu'il y a au monde de plus grave et de plus respectable, traitant les prêtres de canailles et de sots, etc. Je n'ai usé d'aucune rigueur envers mon fils : c'est mon système et mon caractère; chacun a le sien; mais vous me rendrez la justice de dire qu'il est maintenant plus raisonnable, plus réfléchi et plus religieux. Si je n'ai pu déraciner les défauts qu'il a

1. Cette lettre de l'ex-roi de Hollande semble donner raison à ce que dit M. de Beaumont-Vassy dans ses *Mémoires secrets du XIXe siècle :* « Il (le prince Louis) avait été singulièrement précoce : à treize ans, il avait eu sa première aventure, aventure bien subalterne d'ailleurs... »

contractés dès l'enfance, ce n'est pas qu'il les eût contractés chez moi: la preuve en est qu'il les avait beaucoup plus à son arrivée et que Louis en est infecté beaucoup plus que lui. C'est une suite sans doute des circonstances dans lesquelles ces enfants se sont trouvés, une suite de la société du valet de chambre Béranger qui se donnait des airs de gouverneur.

« On vous a singulièrement trompée, Madame, en vous faisant accroire que, lorsque je dors ou que l'abbé dort, mon fils est abandonné; il n'y a pas un seul instant du jour ou de la nuit qu'il ne soit sous une stricte surveillance; s'il ne s'en aperçoit pas, cela n'en vaut que mieux.

« Si je vous ai parlé des défauts de mon fils, ce n'est ni pour m'en plaindre ou pour vous les reprocher, ni pour demander de l'appui, mais parce que, devant rester plusieurs mois près de vous, sous une direction meilleure peut-être, mais diverse de celle à laquelle il est accoutumé, il était indispensable de vous mettre entièrement au fait et de vous indiquer ce que je désire à cet égard. Je n'ai nullement été satisfait, à Livourne, du ton de l'abbé Bertrand envers Louis; j'avoue même que j'en ai souffert et que, si je n'ai pas éclaté, c'est que Louis devait rester avec vous. Tout ce que j'aurais fait pour porter remède n'aurait été que provisoire et par conséquent n'aurait servi à rien. L'indocilité, l'extrême bavardage, les pasquinades, surtout les mauvais lazzi dont il a l'habitude plus que Napoléon, m'ont affligé. Quant à ses progrès, ses lettres actuelles sont plus mal écrites que celles il y a un an; je ne vous aurais pas parlé de cela, si vous ne m'aviez pas mis sur ce chapitre.

« Au résumé, Madame, restez où vous voulez. Considérez-vous seulement comme séparée ou non séparée légalement. Mais ou portez mon nom comme je le porte, ou changez-en [1] ».

Cette dernière phrase, sorte de flèche de Parthe que Louis lance à sa femme pour tout adieu, et où le mari se montre avec le souci de son honneur, a évidemment été provoquée par de nouvelles inconséquences d'Hortense, tout au moins par des légèretés ou des propos légers auxquels sa conduite a donné naissance. Mais on ne peut douter, après lecture de cette lettre, que la duchesse de Saint-Leu n'ait singulièrement négligé l'éducation de ses enfants. Comme chez les enthousiastes, tout, en elle, n'est que feu de paille; elle est généralement animée des meilleures intentions, elle pérore avec assez de bon sens sur quelques sujets, mais qu'on ne la regarde pas à l'œuvre! Tout, chez elle, est en façade. Dès qu'il faut de la suite et de l'ordre dans les idées, surtout de la constance dans l'application de ces idées, du caractère enfin et de la volonté, elle n'en est plus : elle se fatigue du plus léger effort, un obstacle la décourage, et, plutôt que de le vaincre, elle laisse tout aller à la dérive pour ne pas avoir l'ennui de se discipliner elle-même et de *vouloir* sérieusement. Encore une fois, c'est une petite fille; mais combien de femmes sont petites filles comme elle et le restent jusqu'à leur dernier jour!

Cependant la mort de Napoléon vient la rappeler au sérieux de la vie. Un petit tapis turc que l'empereur lui laisse dans son testament lui fait voir que son beau-père et beau-frère, à Sainte-Hélène, n'ou-

1. E. Claretie, *L'Empire, les Bonaparte et la Cour*.

Cliché Braun

Madame RÉCAMIER
d'après une esquisse de GÉRARD

bliait pas celle qui l'avait si bien oublié à l'île d'Elbe. Et puis, elle eut bientôt à s'occuper du mariage de son fils aîné avec la fille de Joseph Bonaparte. Ce mariage fut célébré à Bruxelles le 29 juin 1822.

Après le départ du jeune ménage, Hortense, se trouvant un peu seule, voulut aller passer l'hiver à Rome, et depuis elle y retourna tous les ans. Son salon y fut vite connu et recherché. Son fils aîné y vint avec sa jeune femme. Tout ce qu'il y avait à Rome d'épaves de l'ancienne cour impériale se fit un devoir d'y accourir; des étrangers de marque, toujours désireux de connaître tout ce qui, de près ou de loin, avait touché à Napoléon, s'y faisaient présenter. Le salon d'Hortense jouit alors d'une certaine réputation et les artistes, les écrivains distingués qui venaient à Rome ne manquaient point de solliciter une invitation.

La duchesse de Saint-Leu habitait la *villa Paolina*, propriété de sa belle-sœur, la princesse Pauline Borghèse, avec laquelle elle s'entendait mieux depuis la chute de l'Empire que pendant ses splendeurs. Une particularité de son salon, c'est que la politique en était rigoureusement bannie, du moins en apparence: Hortense avait dû se résoudre à cette exigence, sous peine de se voir elle-même bannir de Rome. On causait de choses et d'autres, on faisait de la musique. Les visites d'étiquette se retiraient de bonne heure; les intimes restaient et, lorsqu'il n'y avait plus qu'eux, la soirée recommençait : alors, adieu toute contrainte; on avait pleine et entière liberté de parler de tout, même de politique. On ne s'en faisait pas faute, après s'être assuré que les domestiques ne pouvaient écouter aux portes. Et puis l'on applaudissait les romances de la maîtresse de maison, que celle-ci chantait avec une inépuisable complaisance, on lisait tout haut le livre du jour et on le commentait; on lisait aussi à haute voix les pièces qui avaient du succès sur les théâtres de Paris et l'on se consolait ainsi de n'y pas être; pour lire ces pièces, on se distribuait les rôles; chaque lecteur avait son livre à la main; Hortense, se souvenant de son talent de comédienne des beaux jours du Consulat, prenait aussi un rôle, et, moins la mise en scène et l'action, c'était là une véritable représentation.

Les journées étaient occupées par les visites aux églises, aux monuments, tant dans Rome que dans la campagne romaine. C'est pendant une de ces excursions, lors de son premier séjour à Rome, que la duchesse de Saint-Leu rencontra Mme Récamier. Elle fut ravie de l'avoir trouvée. Outre qu'elle avait un sentiment particulier, qu'elle décorait du nom d'amitié, pour cette femme, parce qu'elle était célèbre, elle n'était pas fâchée de la rencontre, car Mme Récamier exerçait une grande influence par ses illustres amis, M. de Chateaubriand, M. de Montmorency, etc. En femme pratique, la duchesse de Saint-Leu aimait assez à cultiver les gens qui devaient la faire valoir et dont elle pouvait avoir besoin un jour d'agréer ou de solliciter les services. Mais laissons raconter à Mme Récamier elle-même cette rencontre.

« Je m'étais rendue un jour de fête à l'église de Saint-Pierre, pour y entendre la musique religieuse si belle sous les voûtes de cet immense édifice. Là, appuyée contre un pilier, recueillie sous mon voile, je suivais de l'âme et de la pensée les notes solennelles qui se perdaient dans les profondeurs du dôme. Une femme d'une taille élégante, voilée comme moi, vint se placer près du même pilier; chaque fois qu'une émotion plus vive m'arrachait un mouvement involontaire, mes yeux rencontraient le visage de l'étrangère tourné vers moi. Elle semblait chercher à reconnaître mes traits; de mon côté, à travers l'obstacle de nos voiles, je croyais distinguer des yeux bleus et des cheveux blonds qui ne m'étaient pas inconnus. — « Madame Récamier! — C'est vous, Madame! » dîmes-nous presque à la fois. — « Que je suis heureuse de vous retrouver! » continua la reine Hortense, car c'était elle; « vous savez que je n'ai pas attendu ce moment pour chercher à me rapprocher de vous, mais vous m'avez toujours tenu rigueur, » ajouta-t-elle en souriant. — « Alors, Madame, répondis-je, mes amis étaient exilés et malheureux; vous étiez heureuse et brillante, ma place n'était point auprès de vous. — Si le malheur a le privilège de vous attirer, reprit la reine, vous conviendrez que mon tour est venu et vous me permettrez de faire valoir mes droits. »

« J'éprouvai un peu d'embarras à lui répondre. Ma liaison avec le duc de Laval-Montmorency, notre ambassadeur à Rome, et avec tout ce qui tenait au gouvernement du roi à cette époque, était autant d'obstacles à ce que la reine me vînt voir chez moi; il n'y en avait pas moins à ce que je me présentasse chez elle; elle comprit mon silence. — « Je sais, dit-elle avec tristesse, que les inconvénients de la grandeur nous suivent encore, alors même que ses prérogatives nous ont quittés. Ainsi la perte du rang que j'occupais ne m'a point acquis la liberté de suivre le penchant de mon cœur; je ne puis même aujourd'hui goûter les douceurs d'une amitié de femme, et jouir paisiblement d'une société agréable et chère. »

« Je m'inclinai avec émotion, mon regard attendri

lui dit seul ce que j'éprouvais. « Il faut cependant que je vous parle, reprit la reine avec plus de vivacité; j'ai tant de choses à vous dire!... Si nous ne pouvons nous voir l'une chez l'autre, rien ne nous empêche de nous rencontrer ailleurs; nous nous donnerons des rendez-vous, cela sera charmant! — Charmant en effet, Madame, répondis-je en souriant, surtout pour moi; mais comment fixer l'heure et le lieu de ces rendez-vous? — Ce serait à moi de vous le demander, car, grâce à la solitude qui est pour moi d'obligation, mon temps m'appartient tout entier; mais il n'en peut être de même du vôtre : recherchée comme vous l'êtes, sans doute vous allez beaucoup dans le monde? — Dieu m'en garde! Je mène au contraire une vie assez sauvage. Il serait absurde d'être venue à Rome pour y voir des salons et un monde qui se ressemblent partout; j'aime mieux visiter ce qui n'appartient qu'à elle, ses monuments et ses ruines. — Eh bien! voilà qui s'arrange à merveille. Si vous n'y voyez pas d'inconvénients, je serai de moitié dans vos excursions; vous me ferez part chaque jour de vos projets pour le lendemain et nous nous rencontrerons *par hasard* au lieu que vous aurez choisi.

« J'acceptai cette offre avec empressement. Je me faisais une fête de ces courses dans Rome antique, en compagnie d'une femme aimable et gracieuse qui aimait et comprenait les arts; de son côté, la reine était heureuse de penser que je lui parlerais de la France, et, pour l'une comme pour l'autre, le petit air de mystère jeté sur ces entrevues n'était qu'un attrait de plus.

« — Où comptez-vous aller demain? me dit la reine, — Au Colisée. — Vous m'y trouverez certainement.

J'ai à causer longuement avec vous; je tiens à me justifier à vos yeux d'une imputation qui m'afflige. » La reine allait entrer dans des explications et l'entretien menaçait de se prolonger; je lui rappelai sans affectation que l'ambassadeur de France, qui m'avait conduite à Saint-Pierre, allait venir m'y reprendre; car je craignais que la situation ne fût embarrassante pour elle et pour lui. — « Vous avez raison, dit la reine, il ne faut pas qu'on nous surprenne : adieu donc, à demain, au Colisée. » Et nous nous séparâmes.

« Le lendemain, à l'heure de l'*Ave Maria*, j'étais au Colisée; j'aperçus la voiture de la reine Hortense, qui n'avait précédé la mienne que de quelques minutes. Nous entrâmes ensemble dans le Cirque, en nous félicitant mutuellement de notre exactitude; nous parcourûmes ce monument immense aux rayons du soleil couchant, au son lointain de toutes les cloches :

« Che paja il giorno pianger che si muore. »

« Nous nous assîmes ensuite sur les degrés de la croix au milieu de l'amphithéâtre. Le prince Charles-Napoléon Bonaparte et M. Ampère, qui nous avaient suivies, se promenaient à quelque distance. — La nuit était venue, une nuit d'Italie; la lune montait doucement dans les airs, derrière les arcades ouvertes du Colisée, le vent du soir résonnait dans les galeries désertes. — Près de moi était cette femme, ruine vivante elle-même d'une si étonnante fortune. Une émotion confuse et indéfinissable me forçait au silence. La reine aussi semblait absorbée dans ses réflexions. — « Que d'événements n'a-t-il pas fallu, dit-elle enfin en se tournant vers moi, pour nous réunir ici! Événements dont j'ai souvent été le jouet ou la victime, sans les avoir prévus ou provoqués! »

« Je ne pus m'empêcher de penser intérieurement que cette prétention au rôle de victime était un peu hasardée. J'étais alors persuadée qu'elle n'avait pas été étrangère au retour de l'île d'Elbe. La reine devina sans doute ce qui se passait dans mon esprit; d'ailleurs il ne m'est guère possible de cacher mes sentiments : mon maintien, ma physionomie les trahissent malgré moi. « Je vois bien, dit-elle avec vivacité, que vous partagez une opinion qui m'a profondément blessée; c'est pour la détruire que j'ai voulu vous parler librement. Dorénavant vous me justifierez, je l'espère, car je tiens à me laver d'une ingratitude et d'une trahison qui m'aviliraient à mes propres yeux, si j'en étais coupable[1]. »

Et la duchesse de Saint-Leu raconta à Mme Récamier, avec quelque apparence de sincérité et sans trop se laver de tout tort de conduite, comme quoi elle n'avait pris aucune part active aux événements de 1815, qu'elle n'avait fait que les subir.

Hortense parlait avec un accent de conviction qui fit tomber les préventions de Mme Récamier; elle reconquit la confiance, tout au moins les bonnes grâces de cette femme célèbre, et, de ce moment, des relations suivies s'établirent entre elles. Chaque jour elles se voyaient, mais non en visite : Mme Récamier, qui recevait tout le corps diplomatique, l'ambassadeur de France en tête, qui ne voyait en outre que ce qu'il y avait de royaliste parmi les Français de Rome, ne pouvait avouer son intimité avec une Bonaparte; cela l'eût singulièrement compromise en ce temps où tout ce qui avait touché à la Révolution

1. *Souvenirs et Correspondance de Mme Récamier*, t. II.

et à l'Empire était regardé par le monde intolérant de la Restauration comme les lépreux au moyen âge. « Chaque jour, dit Mme Récamier, nous nous donnions rendez-vous, tantôt au temple de Vesta, tantôt aux Thermes de Titus ou au tombeau de Cecilia Metella, d'autres fois à quelqu'une des nombreuses églises de la cité chrétienne, ou des riches galeries de ses palais, ou des belles *ville* de ses campagnes, et notre exactitude était telle que presque toujours nos deux voitures arrivaient ensemble au lieu désigné. »

Il y avait quelque temps que ces deux femmes se réunissaient ainsi chaque jour, parlant de leur moderne passé au milieu des ruines du passé quinze ou vingt fois séculaire parmi lesquelles elles promenaient leur élégante rêverie, quand Mme Récamier vint à parler d'un bal masqué que devait donner le prince Torlonia.

— Est-ce que vous irez?

— Mon Dieu, oui ; je pense, du moins. Torlonia est le banquier de la famille Bonaparte et je ne puis guère me dispenser...

— Eh bien, allons-y toutes les deux.

Il fut convenu que chacune aurait un domino de satin blanc tout garni de dentelles et que les deux dominos seraient semblables afin qu'on les prît, autant que possible, l'une pour l'autre ; la seule différence entre les deux costumes était qu'Hortense portait un bouquet de roses, tandis que Mme Récamier en avait une guirlande.

Il y aurait eu quelque chose à redire à l'intimité que la duchesse de Saint-Leu recherchait tant avec Mme Récamier. Napoléon avait certainement eu tort d'exiler Mme Récamier, mais sa fille adoptive devait-elle souligner elle-même ce tort en recherchant comme elle le faisait la société de cette victime de l'arbitraire impérial? Elle pouvait, elle devait même désapprouver en son cœur les rigueurs qu'avait eues Napoléon pour elle, mais il eût été de bon goût de ne pas afficher ces sentiments par une liaison avec Mme Récamier; cela impliquait une sorte de protestation contre la conduite de Napoléon, et ce n'était pas à elle à renier ouvertement l'Empire : elle n'aurait jamais dû le faire. C'était en même temps peu sincère, car, si elle allait à l'encontre du passé, elle allait aussi à l'encontre de ses espérances. On lit en effet dans les *Mémoires du roi Jérôme :* « Le salon d'Hortense, fort recherché à Rome, était devenu le centre du bonapartisme, non de celui qui pleurait des larmes de sang sur les malheurs de la cause commune et rêvait la vengeance, mais d'un bonapartisme plus confiant dans l'avenir qu'assombri par les regrets du passé. » Était-ce donc si difficile de se tenir tranquillement à sa place, comme il convenait à sa situation? Mme Récamier ne dissimule pas son étonnement de voir la reine Hortense lui faire tant d'avances. Mais, si Hortense ne connut pas la franchise, elle ne connut pas davantage la mesure.

On s'amusa beaucoup au bal masqué du prince Torlonia. L'ex-roi de Westphalie, Jérôme, conduisait sa belle-sœur Hortense. Mme Récamier était accompagnée du duc de Laval-Montmorency. En se croisant à plusieurs reprises, ces deux dames, qui ne voulaient pas, par convenances politiques et mondaines, se montrer ensemble, trouvèrent cependant moyen de se parler. Elles complotèrent ainsi, en vraies pensionnaires — et Hortense aurait dû comprendre que sa position l'obligeait à plus de sérieux — une singulière plaisanterie. « Dans un moment où la foule était excessive, a raconté Mme Récamier, je quitte tout à coup le duc de Laval, et, m'éloignant de quelques pas, je détache à la hâte ma guirlande; la reine, attentive à ce mouvement me donne son bouquet en échange et va prendre ma place au bras de l'ambassadeur de Louis XVIII, tandis que j'occupe la sienne sous la garde de l'ex-roi de Westphalie. Elle se vit bientôt entourée de tous les représentants des puissances étrangères, et moi de tous les Bonaparte qui se trouvaient à Rome. Tandis qu'elle s'amusait des saluts diplomatiques que lui attirait la compagnie de l'ambassadeur, et dont quelques-uns sans doute n'étaient pas nouveaux pour elle, je m'étonnais à mon tour peut-être, à la révélation de regrets et d'espérances que d'ordinaire on ne dévoile que devant les siens. »

L'histoire est fort jolie et on ne peut mieux contée, mais est-elle exacte dans tous ses détails? Il est douteux que les Bonaparte présents à ce bal aient parlé ainsi de leurs espérances, même en croyant s'adresser à Hortense : ils avaient d'autres occasions pour s'en entretenir autrement qu'à bâtons rompus, et ils aimaient beaucoup trop le plaisir pour parler entre eux (puisque, dans ce récit, ils prenaient Mme Récamier pour Hortense) de choses politiques pendant un bal masqué.

Hortense se livrait à ce jeu en vraie petite pensionnaire et Mme Récamier s'y prêtait avec une bonne grâce parfaite. Aux enfantillages, les femmes trouvent toujours leur compte, ne serait-ce que de paraître plus jeunes qu'elles ne le sont. Et c'est peut-être pour cela que ces deux femmes, dont la plus jeune avait marié le second de ses fils, s'y livraient avec tant de complaisance. C'était, on l'eût juré, leurs adieux à la jeunesse. Aussi en prolongèrent-elles longtemps le plaisir. La mèche, évidemment, était éventée, et, de même que Mme Récamier, chacun tint à prendre sa part de ce divertissement. La princesse de Lieven le trouva, parait-il, fort mauvais et se plaignit « qu'on l'eût compromise avec une Bonaparte. » Il est vrai que les femmes de la famille Bonaparte, tant les sœurs de Napoléon que leur belle-sœur Hortense, jouissaient d'une fort mauvaise réputation et la vérité oblige à reconnaitre que cette réputation était méritée.

Après le bal du prince Torlonia, les deux amies reprirent leurs promenades dans Rome et hors de Rome. Hortense n'avait garde de froisser en rien les opinions politiques du moment de la charmante Mme Récamier, qu'elle devait cependant se rappeler avoir vue jadis, il y avait quelque vingt ans, chez Barras. Elle faisait de son côté si bon marché des siennes, elle parlait du passé avec un tel détachement, une telle indépendance de cœur que son aimable amie, un jour, dit d'elle ce mot qui fut répété : « Je ne lui connais qu'un défaut, c'est de n'être pas assez bonapartiste. » Le mot était juste. Pour toute autre personne, c'eût pu être un éloge, mais pour la fille adoptive de Napoleon, pour Hortense, pour l'ancienne reine de Hollande, n'était-ce pas une critique sanglante? Elle était en tout cas bien méritée. Mais Hortense était ainsi : elle éprouvait le besoin de s'aplatir devant la supériorité — un peu de convention — de Mme Récamier, et, comme celle-ci était royaliste, que l'Empire n'avait plus de chances de ressusciter, elle croyait devoir traiter légèrement devant son amie tout ce passé de gloire auquel elle s'était trouvée mêlée et que sa légèreté naturelle ne lui avait pas permis de juger à sa valeur : chose inconcevable, elle ne s'en sentait pas humiliée !

C'est pendant ce séjour à Rome qu'Hortense reçut la nouvelle que son frère était très malade. Elle le manda aussitôt à Mme Récamier par le billet que voici :

Avril 1824, ce vendredi matin.

« Ma chère Madame, il me semble qu'il soit attaché à ma destinée de ne pouvoir jouir de quelque plaisir, distraction ou intérêt, que la douleur ne soit toujours là. J'ai reçu des nouvelles de mon frère ; il a été souffrant ; on m'assure bien qu'il était mieux au départ de la lettre, mais mon inquiétude est extrême : malgré moi, je le vois toujours comme dans sa dernière maladie, et je suis loin de lui ! J'espère en Dieu qu'il ne me privera pas du seul ami qui me reste, de l'homme le meilleur et le plus loyal qui existe. Je vais à Saint-Pierre prier ; cela me calmera peut-être, car je suis inquiète même de mon inquiétude. L'on devient faible et superstitieux dans le malheur. Je ne puis donc aller me promener avec vous aujourd'hui ; cependant je serais heureuse de vous voir, si vous vouliez venir me rejoindre à Saint-Pierre. Je sais que vous ne craignez pas ceux qui souffrent et vous devez leur porter bonheur.

« Vous désirer à présent, c'est assez vous prouver mes sentiments pour vous.

« Hortense. »

L'intime amitié, ou plutôt l'habitude journalière qui s'était établie entre la reine et Mme Récamier fut en ce moment d'un grand secours à Hortense. Cette fois, Mme Récamier ne craignit pas de se compromettre avec une Bonaparte et se fit peut-être même *in petto* une gloire de surmonter les préjugés que la politique établit, presque comme des barrières, entre gens de partis opposés. Elle daigna aller, elle, Mme Récamier, faire en personne une visite à la reine! Elle semble, dans ses *Souvenirs*, s'excuser d'une telle condescendance et en rejette la faute sur sa bonté naturelle, qu'elle reconnait être excessive ; c'est d'ailleurs son seul défaut ! — Mais, dans cet éloignement, dans cette sorte d'ostracisme où Mme Récamier tenait visiblement Hortense, ne faut-il y voir que le résultat d'idées politiques différentes, de partis différents? Non pas. Il faut surtout y voir la réserve qu'elle voulait garder vis-à-vis d'une femme qui jouissait, dans le monde, d'une réputation de moralité déplorable. Et c'est pour cela qu'elle ne voulait pas, tout en ayant elle-même besoin d'indulgence sur ce chapitre, qu'on la vît avec elle, qu'on la sût en bons termes avec elle. Hortense le devinait peut-être, et se contentait de cette situation humiliante. Quant à la nièce de Mme Récamier, qui publia sous Napoléon III les *Souvenirs* de sa tante, elle semble toute fière de montrer que celle-ci était en fort bons termes avec la reine Hortense, et pourtant elle ne la voyait guère alors que par une sorte de commisération !

Quelques jours après, Hortense reçut le triste avis de la mort d'Eugène. Son chagrin fut grand. Elle quitta Rome aussitôt et arriva à Munich le jour des obsèques de son frère. Elle eut la triste consolation de mêler ses larmes à celles de sa belle-sœur. De Munich elle rentra à Arenenberg. Elle écrivit bientôt à Mme Récamier, dont elle ne voulait pas négliger l'amitié, la lettre suivante :

10 juin 1824.

« Vous avez été assez aimable, Madame, pour

désirer de mes nouvelles. Je ne puis pas dire que je suis bien, quand j'ai tout perdu sur cette terre ; cependant ma santé n'est pas mauvaise. Je viens encore d'éprouver les impressions les plus déchirantes. J'ai revu tout ce qui tenait à mon frère. Je ne recule pas devant la douleur et peut-être au milieu d'elle trouve-t-on quelque consolation.

« Cette vie si remplie de troubles n'agite plus ceux qu'on regrette. Je n'ai que des larmes, et sans doute il est heureux ! Vous qui sentez si bien, vous devinerez tout ce que j'ai dû éprouver.

« Je suis à présent dans ma retraite. La nature est superbe. Malgré le beau ciel de l'Italie, j'ai encore trouvé Arenenberg bien beau ; mais il faut toujours que des regrets me suivent : c'est sans doute là ma destinée. L'année dernière, je m'y étais trouvée si satisfaite ! J'étais toute fière de ne rien regretter, de ne rien désirer dans ce monde : j'avais un bon frère, de bons enfants. Aujourd'hui, que j'ai besoin de me répéter qu'il me reste des liens auxquels je suis nécessaire !

« Mais, je vous parle beaucoup de moi, et je n'ai rien à vous apprendre, si ce n'est que vous avez été pour moi d'une bien douce consolation, que je serai toujours heureuse de vous retrouver. Vous êtes de ces personnes auxquelles on n'a pas besoin de raconter sa vie, ses impressions ; le cœur devine tout, et l'on se devient nécessaire quand on s'est deviné.

« Je ne vous demande pas vos projets, et cependant je suis très intéressée à les savoir. Ne faites pas comme moi, qui vis sans avenir, et qui compte rester où le sort me pose ; car peut-être resterai-je à ma campagne cet hiver, si je puis faire chauffer toutes les chambres. Le vent semble quelquefois prêt à enlever la maison ;

la neige y est, dit-on, d'une épaisseur effroyable. Mais il faut bien peu de courage pour surmonter ces obstacles; au contraire, ces grands efforts de la nature ne sont pas quelquefois sans charme.

« Adieu; ne m'oubliez pas tout à fait; croyez que votre amitié m'a fait du bien. Vous sentez ce que c'est qu'une voix amie qui vous vient de la patrie dans le malheur et l'isolement. Veuillez me répéter que je suis injuste, si je me plains trop de la destinée, et qu'il me reste encore des amis.

« HORTENSE [1] ».

Enfin, au mois de septembre de cette même année, Hortense, ne négligeant point l'amitié de cette femme célèbre, et lui faisant toujours des avances, lui écrit encore à l'occasion de la sortie du ministère de son illustre ami, M. de Chateaubriand.

Sa vie, dès lors, est calme et tranquille, conforme aux goûts qu'elle proclame bien haut être les siens; mais les faits ont trop souvent démenti ses paroles pour qu'on puisse les croire bien réels. Elle continua d'aller chaque hiver passer quelques mois à Rome. Le maréchal de Castellane, dans son curieux *Journal*, écrit à bâtons rompus, donne quelques renseignements sur la vie qu'elle y menait au mois d'avril 1826. « Mon père, dit-il, a été rendre visite, à la villa Paulina, à la duchesse de Saint-Leu, l'ancienne reine de Hollande; il l'a connue autrefois, il ne l'avait pas vue depuis onze ans. La reine de Hollande ne lui a pas paru changée. La duchesse de Saint-Leu a 100,000 livres de rente; elle est plus riche qu'aucun membre

1. *Souvenirs et Correspondance de Mme Récamier*, t. II, p. 87-89.

de la famille de son mari, dont elle est séparée ; elle en a deux enfants. Louis Bonaparte n'a, suivant elle, que 70,000 francs de rente. Le pusillanime prince Borghèse, son beau-frère, n'ose pas l'aller voir, de peur de se compromettre. Mon père a déjeuné avec elle ; elle lui a remis un bouquet en le priant d'en faire hommage à Mme de Castellane, sa famille devant une grande reconnaissance à elle et à ses parents... La duchesse de Saint-Leu a été charmée de causer des choses passées, de celles présentes : dans ses manières et dans ses paroles, elle n'a montré qu'un grand désir de prospérité pour la France, une grande résignation à son sort personnel et à celui de ses enfants[1]. »

Dans l'hiver de 1828 à 1829, elle est encore à Rome et un jeune secrétaire de l'ambassade de France, le comte d'Haussonville, admis dans son salon, en a consigné le souvenir dans l'intéressant récit de ses souvenirs de jeunesse.

« Un vrai salon, dit-il, ouvert à plus de monde, quoique assez restreint encore, et que je fréquentais assidûment, était celui de la duchesse de Saint-Leu, autrement dit la reine Hortense. Mon père lui était connu et l'avait fréquentée à la cour impériale, en sa qualité de chambellan de Napoléon Ier. Il crut de bon goût de me présenter à elle, quoique attaché à l'ambassade de Charles X. Il consulta à ce sujet M. de Chateaubriand : « Nul obstacle de ma part, répondit M. de Chateaubriand, et je voudrais bien pouvoir aller moi-même chez la duchesse de Saint-Leu[2]. Menez-y Mon-

1. Maréchal de Castellane, *Journal*, t. II, p. 109.
2. « J'ai autorisé mes secrétaires et attachés de paraître au palais de Mme la duchesse de Saint-Leu. » (Chateaubriand, *Mémoires d'Outre-Tombe*, t. V, p. 130.)

sieur votre fils. J'ai dit à M. de M... (l'un de nos attachés) que pour lui c'était un devoir. » Par le fait, je ne me souviens pas d'y avoir jamais rencontré ce même collègue. Pour moi, je devins assez vite un hôte habituel de ce petit cercle, tout français, infiniment plus gai que celui de l'ambassade.

« On disait bien que, dans l'intimité, quand il n'y avait chez elle que des personnes dévouées à sa cause, la duchesse de Saint-Leu redevenait la reine de Hollande et que l'étiquette de cour y était scrupuleusement observée. Je n'en ai jamais vu la moindre trace. Elle affectait plutôt avec mon père, et avec tous les Français attachés à la dynastie des Bourbons, de se donner simplement pour une Beauharnais, c'est-à-dire pour la fille d'un gentilhomme français de bonne race. Son salon était fréquenté d'ordinaire par les élèves de la villa Médicis; un peintre, M. Cottereau, assez joli homme, y tenait, si j'ai bonne mémoire, une sorte de place privilégiée. Il avait une assez belle voix; on faisait de la musique, ou l'on dansait au piano, presque tous les soirs. Elle faisait même sa partie dans les duos et dans les chœurs. Elle se mêlait aux quadrilles quand on l'en pressait un peu, et n'avait pas mauvaise grâce, car sa taille était restée agréable et souple comme celle d'une créole. Peu de jours après que je lui avais été présenté, elle dit à mon père : « Le voilà bien grand; quand je pense que je l'ai pourtant tenu sur mes genoux; il faut que je valse avec lui, ce sera trop drôle. » Et voilà comment il m'est arrivé de valser avec la reine Hortense[1]... »

Hortense, on le voit, continue son double jeu : elle

1. D'Haussonville, *Ma Jeunesse*, p. 197.

Cliché Braun

Le cardinal FESCH
d'après un tableau de MEYNIER

est Bonaparte avec les bonapartistes, Beauharnais avec les royalistes. Est-ce beau? Est-ce honnête? Est-là de la loyauté, du caractère?... Renier ses attaches avec l'Empire n'était pas de la faiblesse : c'était une insigne lâcheté. Elle n'avait plus peur, cette femme au cœur de papier mâché, maintenant que Napoléon était mort, qu'il vînt lui répéter ce qu'il lui avait dit déjà en 1815 : « Quand on a partagé les prospérités d'une famille, il faut savoir en subir les adversités. » On y eût pu ajouter, cette fois comme alors : « Et les subir avec dignité. » Mais, la dignité de l'existence, Hortense ne semble pas en avoir eu une idée exacte. Qu'était-ce que ce M. Cottereau, ce peintre, ce « joli homme » qui ne la quittait plus un instant, qui allait chez elle à Rome, qui habitait chez elle à Arenenberg, qui y tenait, comme le dit M. d'Haussonville, « une sorte de place privilégiée » et qui, en 1832, faisait des duos au piano avec elle, comme l'a raconté Chateaubriand ? C'était, bien vraisemblablement, autre chose qu'un ami. Comme l'impératrice Catherine de Russie, comme la reine Caroline de Naples, sa belle-sœur, Hortense semble avoir conservé une ardeur des sens qui ne cadrait pas avec son âge, encore moins avec les principes qu'elle affichait. Mais, comme en politique, elle jouait double jeu en conduite : elle suivait ses instincts et ses goûts sensuels dans l'alcôve, quitte à parler vertu et morale dans son salon.

Tout cela a un nom dans la langue française : c'est l'hypocrisie. Voilà un bien gros mot, mais ce fut, de tout temps, le plus clair des vertus de la reine Hortense.

« On voyait peu le prince Louis-Napoléon chez sa mère, continue M. d'Haussonville. Le préféré de la reine Hortense était son fils aîné, qui résidait alors auprès du roi Louis. Mon père m'avait recommandé de ne pas me lier intimement avec ce jeune homme qui vivait déjà un peu solitaire dans la compagnie de quelques complaisants ; je ne m'y sentais d'ailleurs nullement porté. Nous nous sommes cependant promenés plus d'une fois ensemble au Pincio, tandis que, derrière nous, mon père donnait le bras à la duchesse de Saint-Leu. « Vous êtes bien heureux, lui dit-elle un jour tristement, en nous désignant tous les deux ; votre fils a une carrière devant lui ; ah ! si je pouvais seulement demander au roi Charles X, et s'il dépendait de lui de m'accorder pour mon fils une place de sous-lieutenant dans un régiment français. » D'autres fois, nous parcourions à cheval, le prince Louis et moi, la campagne de Rome, car sa mère lui avait recommandé de me rechercher et de me faire politesse. Nous montions de petits chevaux romains entiers, comme c'est l'usage dans le pays. Ils s'étaient pris en déplaisance, et passaient leur temps à se vouloir mordre et à se jeter l'un sur l'autre. Nous avions quelque peine à les en empêcher.

« La société tout à fait intime de la reine Hortense et du prince Louis, celle à laquelle nous n'étions pas admis, était bien, il faut l'avouer, un peu mélangée. Il s'y était glissé pas mal de gens cherchant fortune. J'y ai entrevu le colonel *** (d'où était-il colonel ?) qui passait pour avoir fait la guerre en Grèce, et dont l'occupation, pour le quart d'heure, paraissait être de faire la cour à la lectrice de la reine Hortense [1]. »

1. Comte d'Haussonville, *Ma jeunesse*. — M. d'Haussonville parle sans doute ici du commandant Parquin, ancien capitaine aux chasseurs à cheval de la garde impériale, qui épousa Mlle Cochelet, participa à la tentative du prince Louis sur Strasbourg, puis à celle de Boulogne, à la suite de laquelle il fut condamné à vingt ans de détention dans une forteresse. Il mourut dans la citadelle de Doullens, après y avoir écrit, pour

Hortense était bien tranquille à Arenenberg, pendant l'été de 1830, s'occupant de temps à autre à classer les reliques et souvenirs de l'Empire dans une pièce dont elle avait fait un musée, chantant, dessinant, rêvant sous les ombrages de son parc ou se promenant sur les bords du lac de Constance en compagnie de son peintre-musicien, lorsqu'une grande nouvelle, qui ébranla l'Europe, tranquille depuis quinze ans, vint l'arracher à ses rêveries et à ses romances.

La dynastie des Bourbons avait été renversée à Paris! le roi Charles X était chassé de sa capitale et avait pris la route de l'exil!

On pense si la duchesse de Saint-Leu sauta de joie à cette nouvelle inattendue! Outre ses ressentiments personnels contre les Bourbons — on est rarement fâché du mal qui arrive à ses ennemis — elle sentit renaître en elle des espérances auxquelles elle avait dit adieu depuis plusieurs années. Elle calculait déjà dans sa pensée que, quel que fût le gouvernement qui s'établirait en France après cette révolution, la loi de l'exil contre les Bonaparte serait sans doute abrogée; qu'alors elle rentrerait à Paris, que peut-être le fils de Napoléon, qui s'étiolait à Vienne, serait appelé à restaurer le trône impérial en France, qu'elle ne manquerait pas de prendre sur ce jeune prince une influence prépondérante. Et puis, qui pouvait prévoir l'avenir?... Le duc de Reichstadt avait une santé bien délicate et était à un âge difficile... Il se pouvait très bien qu'il lui arrivât malheur. Et alors, ô bonheur! ce serait son fils aîné, à elle, Hortense, qui lui succéderait comme empereur des Français!

charmer ses loisirs, ce joli volume de ***Souvenirs et campagnes d'un vieux soldat de l'Empire.***

Hortense, que frappaient ces nouvelles perspectives, raisonnait comme Perrette. Mais la fortune devait seconder ses projets d'ambition. Il est vrai qu'elle y perdit son fils aîné, qu'elle faillit y perdre son dernier, et qu'elle n'eut pas la consolation de voir ces projets se réaliser avant de mourir. Elle était arrivée à cet âge où toute femme doit dire adieu à la galanterie : sur ce chapitre, il ne lui aurait plus fallu vivre que de souvenirs; il est vrai qu'elle n'en manquait pas; il est vrai aussi que cela ne lui suffisait pas. Son esprit était dans toute la maturité dont il était susceptible ;les événements qui venaient de se passer à Paris furent décisifs dans la direction qu'elle donna dès lors à sa pensée, et elle ne fut plus hantée que par l'ambition politique : c'était un peu pour la satisfaction de ses propres goûts et de son intérêt, mais beaucoup aussi pour ses fils. Elle, si calme d'ordinaire dans son domaine d'Arenenberg, elle qui affichait une si grande indifférence pour les choses du monde et de la politique, la voilà maintenant qui s'échauffe sur l'héroïsme des Parisiens. Cela la console des mécomptes journaliers que lui donnait son miroir; elle ne gémit plus, comme elle le faisait tout bas, de la blancheur de son teint qui s'en va, de certaines choses, les dents entre autres, qui s'en vont aussi ; de quelques autres, les rides, par exemple, qui commencent à se montrer. Car la voilà entrée pour tout de bon dans ces années qu'on a si bien nommées *crépusculaires !* Elle ne songe plus à demeurer, en dépit d'un demi-siècle, une jeune femme; l'âge du repos arrive : eh bien, elle se remuera !... Elle s'excite à l'idée d'une activité politique. Quand on n'est bon à rien, ne songe-t-on pas à gouverner les hommes? Eh bien, elle fera comme les autres. Elle sourit à ses projets.

Ah ! les bons Parisiens ! Comme ce peuple est spiri tuel ! Il vient de faire, à Arenenberg, une femme politique. Il est vrai qu'il ne s'en doute pas, non plus que des autres conséquences de ce qu'il vient de faire. Mais c'est de ce jour qu'Hortense travaille à restaurer le trône impérial. Elle mourra à la tâche ; ce fils, sur la tête de qui elle met tant d'espérances, y mourra aussi, mais son troisième fils, travaillé, formé, poussé par elle, arrivera comme un projectile, chez lequel d'autres forces viendront augmenter l'impulsion première, au but désigné par l'ambition maternelle. La pauvre Hortense, par exemple, ne sera plus là pour jouir d'un triomphe que rien, au moment de sa mort, ne pourra lui permettre d'espérer.

Lorsque la nouvelle de la Révolution de Juillet était venue la surprendre, Hortense n'avait pas ses fils près d'elle. L'aîné, qui avait épousé la fille de Joseph, sa cousine, s'occupait à Florence, « faute de mieux », a écrit Hortense, d'inventions industrielles ; le second suivait les cours d'artillerie de l'école militaire de Thun, dans le canton de Berne. Eux aussi conçurent alors de grandes espérances. Mais la loi d'exil fut renouvelée et la famille dut ajourner à plus tard la réalisation de ses rêves. « Je me résignai, a dit la reine Hortense, à supporter cette injustice, et j'exigeai même des personnes qui voulaient en occuper le public, de renoncer à troubler la joie de la France par des plaintes en notre faveur que je ne voulais pas encourager. Il est singulier, ajoute-t-elle, que je n'aie jamais cherché que l'ombre et le repos, et que la destinée me place sans cesse en évidence[1]. » Hortense, ici, reprend sa marotte. L'om-

1. *La reine Hortense en 1831*, fragments de ses *Mémoires*, p. 18.

bre et le repos, elle les avait à Arenenberg : qui donc la forçait à les quitter ?

L'hiver venu, elle s'arrache à ce repos qui lui pèse — ce dont elle ne veut et ne voudra jamais convenir — et va, comme les autres années, en Italie. Ses fils y étaient déjà. Pourquoi si tôt? Pourquoi tous les deux? Ah! voilà : quoique Louis-Philippe lui « ait fait dire des paroles gracieuses par la grande-duchesse de Bade[1] » et que les portes de la France lui aient même été rouvertes, Hortense s'était imaginée que le contre-coup de la Révolution de Paris allait se faire sentir dans la péninsule. Elle voulut s'y trouver pour aider ses fils à profiter des circonstances qui pourraient se présenter. L'agitation, en effet, était grande en Italie; on y vantait les *trois glorieuses*; on y célébrait les mérites de Louis-Philippe dans l'espérance d'une intervention française en Italie, peut-être pour la décider. Mais la France ne bougea pas. Devant cette politique de non-intervention, Hortense, quoiqu'elle s'en soit défendue, peut-être même parce qu'elle s'en défendit, trouva qu'il y avait un rôle à jouer pour ses fils. Les résultats de la Révolution de Juillet l'avaient rendue révolutionnaire : « J'arrivai à Florence, dit-elle, agitée de mille craintes. J'avais besoin de garantir mes deux enfants de l'illusion commune dont je les voyais environnés. » Elle n'est pas sincère en disant cela, car au contraire elle poussa ses fils, tout au moins les laissa entrer dans les rangs des conspirateurs. Elle l'est davantage quand elle ajoute : « Mon mari (Louis résidait à Florence) était allé à Rome pour voir sa mère. Je passai quinze jours heureux au milieu des deux seuls intérêts de ma

1. *La reine Hortense en 1831*, p. 26.

vie. » Il eût même été plus convenable qu'elle n'écrivît point cette phrase ; c'est trop de franchise, cette fois : il est toujours choquant d'entendre une femme dire : « J'étais heureuse, mon mari n'était pas là ! »

Le 15 novembre 1830, la duchesse de Saint-Leu se mit en route pour Rome. Arrivée à Bolsena, elle apprit que son mari, qui rentrait à Florence, avait dû coucher à Viterbe. Leurs voitures se croisèrent vers le milieu de la journée. On s'arrêta, on causa. L'ex-roi de Hollande témoigna ses craintes sur les idées politiques qu'il avait entendu exprimer à ses fils et leur renouvela, ainsi qu'à sa femme, son désir de les voir demeurer tranquilles et étrangers à tout mouvement.

A Rome, Hortense reprit sa vie habituelle. Tous les jours elle allait passer deux heures chez sa belle-mère, avec qui elle était maintenant réconciliée ; elle se montrait bonne fille, affectueuse même et faisait la lecture à la mère de Napoléon.

Cependant les événements devenaient menaçants : le vieux sol de l'Italie tremblait. La mort du pape Pie VIII hâta l'explosion. Le gouverneur de Rome, qui sentait les difficultés de la situation et voyait l'orage prêt à éclater, qui voyait aussi les dessous de cette fermentation populaire, alla trouver le cardinal Fesch et lui exprima le désir de voir le fils aîné de la duchesse de Saint-Leu s'éloigner de Rome. Pour faire cette démarche, le gouverneur avait ses raisons, et la suite prouva qu'elles étaient fondées. Le cardinal Fesch se scandalisa fort de ce qu'un neveu à lui, un prince, fût suspect d'idées révolutionnaires. M. le cardinal « s'emporta et demanda des raisons ». Il lui fut répondu que son neveu, se promenant par les rues de Rome sur un cheval à la chabraque tricolore, attira trop l'attention et que sa présence pourrait être dangereuse si des désordres venaient à se produire. Peut-être même lui en dit-on davantage. Toujours est-il que le cardinal, qui ne semble pas, en cette affaire, avoir montré un grand esprit de soumission, déclara que son neveu était à Rome, et qu'il y resterait.

C'était se mettre en lutte ouverte avec le gouvernement papal. Hortense, avertie de la démarche du gouverneur de Rome, se rendit chez le cardinal. Elle dit, dans ses *Mémoires*, qu'elle lui exprima le désir de voir son fils s'éloigner, puisqu'il causait de l'ombrage, et que d'ailleurs son père désirait l'avoir près de lui, mais que le cardinal lui répondit que ce serait donner raison à la malveillance et qu'il n'en fallait rien faire.

Mais Hortense ne dit cela, apparemment, que pour se justifier, car elle n'avait pas l'habitude de prendre conseil des autres, surtout d'un membre de la famille Bonaparte; si elle avait voulu voir son fils s'éloigner de Rome, elle n'avait qu'à le prier d'aller auprès de son père, à Florence, et il l'aurait fait. Elle n'aurait pas eu besoin de s'abriter derrière l'avis douteux d'un cardinal de pacotille dont elle-même ne faisait aucun cas.

En rentrant chez elle, Hortense, à en croire ses *Mémoires*, se disait : « Si le gouvernement le craint, d'autres pensent donc à lui ? » Elle savait bien que, d'abord, le gouvernement ne craignait pas son fils, mais qu'il n'ignorait pas qu'il était en relations suivies avec les chefs du parti révolutionnaire, et que c'était même, de sa part, un acte de grande condescendance que de le faire engager à s'éloigner, au lieu de l'arrêter purement et simplement. A peine rentrée, tandis qu'elle s'entretenait de cet incident avec son

Cliché Tallandier

Le CHATEAU de MORTEFONTAINE, du côté du jardin,
d'après un dessin de CONSTANT BOURGEOIS

fils, un colonel des troupes pontificales lui fut annoncé. Cet officier lui dit que cinquante hommes cernaient son *palazzo*, qu'il avait ordre d'arrêter son fils et de le conduire à la frontière. « Je ne m'opposai nullement, dit-elle, au départ de mon fils ; il me tardait seulement de le savoir arrivé près de son père. »

Peut-être ici est-elle sincère. Son fils, en partant, lui avait avoué qu'il donnait asile, dans le palais même, à un conspirateur et lui avait demandé de lui accorder sa protection. Effrayée alors de voir son Napoléon-Charles entré, non plus par de simples paroles, mais par des actes, dans le mouvement révolutionnaire, Hortense ne fut sans doute pas fâchée de le voir hors d'affaire au moment où, selon toute vraisemblance, il allait y avoir du danger — et c'est pour cela qu'elle ne protesta pas contre la mesure arbitraire et cependant toute clémente du gouvernement papal.

Celui-ci avait été si bien informé des agissements révolutionnaires, qu'un mouvement insurrectionnel eut lieu le jour du samedi gras, pendant la promenade du Corso. Pendant ce temps, les fils de la duchesse de Saint-Leu, qui n'étaient plus à Rome, mais à Florence, auprès de leur père, s'engageaient, auprès de Menotti, à servir la cause de l'insurrection et promettaient leur concours pour le moment opportun.

Ce moment ne devait pas tarder à venir.

Hortense, ignorant la décision de ses fils, du moins elle le dit, demeurait tranquille à Rome. Le samedi gras, jour fixé pour le mouvement, elle avait reçu la visite de l'un des conjurés, qui l'avertit qu'il y aurait danger à sortir pendant la journée et la pria de rester chez elle. Il est difficile de croire qu'elle n'était pas au courant de ce qui se tramait, puisqu'on venait l'avertir du jour choisi pour l'insurrection : pourquoi tant d'égards, sinon parce qu'elle était la mère de deux des conjurés ? C'est pour cela qu'on ne peut admettre que ses fils n'aient pas eu son adhésion à leur enrôlement dans le parti révolutionnaire militant.

« Mes appartements, a-t-elle écrit, avaient vue sur le Cours (*corso*). Toutes les fenêtres ouvertes, pavoisées, y donnaient un air de réjouissance : elles étaient fort recherchées, je permettais à beaucoup de personnes étrangères d'y venir. J'étais moi-même à me promener dans mes salons, inquiète des événements qui allaient se passer, quand j'appris que le Cours était contremandé. »

C'est que la conspiration avait été éventée. L'émeute se fit cependant, des coups de fusil furent tirés, il y eut de part et d'autre des morts et des blessés, mais la force publique balaya les émeutiers.

CHAPITRE X

Manque de sincérité d'Hortense. — Elle laisse ses fils s'engager parmi les *carbonari*. — Elle refuse de les en détourner. — Mort mystérieuse du fils aîné d'Hortense. — Fuite d'Hortense et de son jeune fils. — Péripéties de cette fuite. — Hortense à Paris. — Visite de Casimir Périer. — Visite d'Hortense au roi Louis-Philippe. — Émeute du 5 mai. — Hortense reçoit l'ordre de quitter Paris sur-le-champ. — Elle va à Londres. — Affaires de Belgique. — Elle traverse la France pour retourner en Suisse. — Ses idées sur la Pologne et ses menées ambitieuses. — Mort du duc de Reichstadt. — Mme Récamier et Chateaubriand à Arenenberg. — Tentative du prince Louis à Strasbourg. — Hortense va solliciter la grâce de son fils. — Déclin de la santé d'Hortense. — Son testament. — Sa mort.

« Le sort, a dit Hortense dans ses *Mémoires*, me place sans cesse actrice dans tous les événements, tandis que ma volonté et mes actions devraient m'y laisser toujours étrangère. » Mais la pauvre reine n'est pas plus sincère en disant ces mots qu'elle ne l'était en 1815, lorsqu'elle assurait qu'elle n'avait rien fait contre les Bourbons. On ne s'y trompait cependant point, car, dit-elle ailleurs, « mon salon se remplit à l'instant de tous les Français et Françaises de ma connaissance. Chacun venait se réfugier près de moi ». Comment l'aurait-on fait si l'on avait su qu'elle voulait demeurer étrangère à tout? Et elle ajoute avec une fierté non dissimulée : « Il semblait aux autres comme à moi que je n'avais rien à redouter des coups qui ne partaient pas des rois; 1814 et 1815 m'avaient assez montré que ceux-là seuls m'étaient à craindre [1]».

Hortense n'est pas juste. Si elle n'avait rien à craindre de cette émeute, c'est que ses fils étaient enrégimentés parmi les émeutiers, d'abord. Ensuite, puisqu'elle parle de 1815, elle oublie trop facilement qu'elle n'eut pas à se plaindre des rois, loin de là : les souverains alliés lui firent conserver ses biens, et Louis XVIII lui accorda le titre de duchesse qu'elle lui demandait. Elle oubliait aussi, en disant qu'elle n'avait rien à craindre du peuple, que c'était la Révolution qui avait guillotiné son père en 1794, et que, sans le 9 Thermidor, sa mère serait montée elle aussi sur l'échafaud. Mais Hortense n'a jamais pu être sincère; en tout, comme dans le mariage, elle apporte toujours des restrictions mentales, une arrière-pensée, et elle parle cependant d'un ton profondément convaincu : mais ce qu'elle dit, ce qu'elle écrit, ne tient pas devant un examen attentif et sans idée préconçue.

Il est si peu vraisemblable qu'elle ne trempait pas, — de loin, si l'on veut, — dans la conspiration, que non seulement elle fut avertie du jour où elle devait éclater, mais encore un émeutier blessé vint se réfugier chez elle. Elle le reçut, le fit soigner, et, comme l'individu que son fils lui avait recommandé avant de partir était toujours dans son *palazzo*, elle se trouva donner asile à deux insurgés à la fois.

1. *La reine Hortense en 1831*, fragments de ses *Mémoires*, p. 60.

De plus, elle recevait dans son intimité des gens fort suspects, un Belge notamment : M. Verhulst, qui s'occupait de chimie, mais surtout de conspirations, et avec lequel elle collaborait à des projets de constitution pour l'Italie.

Se sentant peut-être compromise par cette conduite qui ne pouvait manquer d'être connue, cédant peut-être aux instances de ses fils qui, dit-elle, la suppliaient de quitter Rome parce qu'il pouvait y avoir danger à rester en cette ville, l'insurrection gagnant de proche en proche, Hortense se décida à partir.

Elle alla à Florence. Elle a raconté cet épisode de sa vie. « La nuit avançait, dit-elle ; même à la porte de Florence, j'espérais voir venir à cheval, comme à l'ordinaire, mes enfants au-devant de moi ; mais c'est en vain. J'arrive à l'auberge, je puis à peine descendre de voiture, mes jambes tremblaient sous moi. Je parle d'eux, on ne sait que m'en dire, on les croit chez leur père. Je n'ai pas encore perdu tout espoir.

« M. de Bressieux court chez mon mari. Ce moment d'incertitude est affreux. Il revient enfin, et c'est pour me porter le coup le plus cruel. Ils sont partis ! »

La duchesse de Saint-Leu a beau dire, tout cela semble concerté d'avance entre elle et ses fils, et si elle a quitté Rome à ce moment, c'est qu'elle ne pouvait décemment rester dans la ville de Saint-Pierre quand ses enfants venaient de s'armer pour marcher contre le pape ; elle y eût, du reste, été arrêtée et aurait servi d'otage.

Une lettre de son plus jeune fils, citée par elle dans ses *Mémoires inédits*, éclaircit un peu ce point : « Votre affection, y est-il dit, nous comprendra ; nous avons pris des engagements, nous ne pouvons y manquer et le nom que nous portons nous oblige à secourir les peuples malheureux qui nous appellent... » Comme le prince ne s'explique pas sur la sorte d'engagements que son frère et lui ont pris, il est naturel de penser que leur mère était au courant de leurs projets et que cette lettre n'a été écrite que pour être montrée à leur père.

Et ce qui confirme d'une façon irréfutable cette hypothèse, c'est que l'ex-roi de Hollande, au désespoir de voir ses fils engagés dans une pareille aventure, accusa sa femme de les y avoir poussés. Il leur envoya courrier sur courrier avec l'ordre de revenir immédiatement à Florence; il pria Hortense de joindre ses ordres aux siens. Hortense s'y refusa, et ce refus prouve bien qu'elle était la complice, peut-être même l'instigatrice de leur équipée. « S'ils doivent revenir, répondait-elle à son mari, ce ne peut-être que de leur plein gré. S'ils ont pris parti, je ne pourrai les détacher, et l'on ne manquera pas de dire que je vais avec des millions pour les aider. »

Ces mots montrent bien nettement que cette mère ne veut pas empêcher ses enfants de prendre part à cette guerre civile où ils n'ont d'autre intérêt, eux, que leur ambition. L'ambition parle donc plus haut en ce moment chez Hortense que l'amour maternel. En voici une autre preuve, qu'elle nous donne, celle-là, sans le vouloir : « Forcée de le satisfaire (son mari) en quelque chose pour le calmer, je me décidai à aller à la frontière de Toscane, pour de là écrire, comme il le désirait, à mes enfants de venir me voir. Je n'espérais rien de cette démarche, c'était simplement pour le contenter. Aussitôt que je demandai mes passeports, le prince Corsini, frère du ministre de Toscane, vint me trouver. Je vis l'inquiétude que faisait éprouver ma démarche, et je lui dis franchement le désir de mon mari. Le prince alors entra dans les mêmes idées et, de l'air le plus simple, me conseilla le seul moyen de les ravoir : c'était de me dire malade pour les attirer à la frontière et pour qu'une troupe toscane, placée là, les prît de force. Ce piège qu'on proposait à une mère, et dont on pouvait user malgré elle, me fit préférer encore le tourment sans cesse renaissant que me causait l'inquiète agitation de mon mari. Je restai à Florence. »

Elle semble bien se moquer des appréhensions de son mari et reste, elle, plus indifférente aux dangers que peuvent courir ses fils dans cette guerre civile, à la honte qu'il y avait pour eux à s'être armés contre le pape qui avait baptisé l'aîné, qui avait accueilli avec tant de bienveillance leur père proscrit, toute leur famille proscrite, qu'aux ennuis d'entendre — de loin, puisqu'elle ne vivait pas avec lui — les plaintes de son mari. Il y a lieu de remarquer aussi qu'Hortense ne s'indigne nullement qu'on lui ait proposé d'avoir recours au mensonge, au mensonge dégradant, pour faire revenir ses fils près d'elle ; en avait-elle donc une telle habitude, qu'elle n'y trouvait rien que de naturel? Comme La Rochefoucauld avait raison de dire que l'esprit de la plupart des femmes sert plus à fortifier leur folie que leur raison!

Mais l'ex-roi de Hollande était mieux compris de sa famille que de sa femme. Le cardinal Fesch et l'ex-roi Jérôme envoyaient aux jeunes princes, qui s'étaient mis à la tête de l'insurrection — leur nom de Napoléon étant un drapeau — ordres et prières de revenir sur-le-champ. Hortense a écrit : « Amis, ennemis, famille, tout le monde se donnait le mot pour neutraliser leurs efforts, tandis que l'enthousiasme le plus grand animait le pays qu'ils occupaient et que la jeunesse, calculant la réussite sur son ardeur et sur son courage, se voyait déjà en espérance maîtresse de Rome dont elle connaissait le découragement et le peu de moyens de défense ».

Hortense est fière de voir ses fils à la tête d'un mouvement insurrectionnel; elle souhaite de leur voir jouer un rôle, quel qu'il soit, pourvu qu'il fasse parler d'eux et les mette en évidence. Tout, plutôt qu'une vie ignorée. Dans sa pensée, c'est à force de faire du bruit autour de leur nom qu'ils arriveront. Ce calcul, dénué de scrupules, devait, vingt ans plus tard, se trouver juste, ou plutôt justifié par la plus inepte complicité du peuple français, qui paya cher son engouement aveugle pour cet aventurier qui était le fils d'Hortense.

Mais, en attendant, cette fière jeunesse italienne ne tint pas devant les baïonnettes autrichiennes. Les deux fils d'Hortense, que celle-ci est heureuse de dire qu'ils ont été remplacés au commandement par un général, le général Sercognani, se rendirent à Ancône et de là à Bologne. Poursuivis par la police, ils durent se cacher et fuir sous un déguisement.

Hortense voulut aller au-devant d'eux et les aider à se mettre en sûreté. Il fut convenu entre elle et son mari (ces graves événements les avaient un peu rapprochés) qu'elle les conduirait à Ancône et que, là, elle s'embarquerait avec eux pour Corfou. C'était l'avis de son mari. Elle lui dit que c'était aussi le sien (elle tenait de sa mère cette grande facilité à dire toujours, quoiqu'elle s'en défende, le contraire de la vérité) et se dispose à agir autrement. L'idée lui vient de les conduire en Angleterre, en traversant avec eux la France, la France d'où ils sont proscrits. Elle demande un passeport à son nom pour Ancône et part de Florence le 10 mars, au su de toute la ville. Chacun la croit donc partie pour Ancône. Mais elle avait eu la précaution de se munir d'un autre passeport au nom d'une dame anglaise voyageant avec ses deux fils. Son plan était d'aller à Foligno et d'attendre là les événements.

La déroute des insurgés était certaine : Hortense n'avait plus d'illusions là-dessus. Elle savait que leur retraite se faisait par Foligno, et que, là, elle pourrait mettre la main sur ses fils. Elle s'établit donc à Foligno, dans une auberge. Elle y reçut quelques visites et, l'esprit courtisan se mêlant à l'exagération italienne et à l'esprit de parti, on lui racontait les prouesses de ses fils, leur valeur, leur générosité. Voici un épisode qu'elle tient du comte Campello de Spoleto et dont son imagination de mère, de mère de princes prétendants, n'a pas atténué les couleurs. C'est elle qui raconte : « Mon fils Napoléon s'était porté avec deux cents hommes contre une troupe de brigands armés sortis des bagnes, et qui, mêlés à quelques militaires, venaient au nom du pape pour reprendre les villes de Terni et de Spoleto.

« Dans les bois, on se battit corps à corps. Mon fils Napoléon, au milieu des balles, des piques, se défendait comme un lion. Au moment où il terrassait un brigand qui allait le tuer, en lui tirant à bout portant un coup de carabine, et qu'il lui faisait grâce de la vie, un dragon vint percer le brigand d'un coup de sabre.

« Le comte me faisait une description de l'entrée de mon fils à Terni, ramenant ses prisonniers, et inspirant par sa beauté remarquable et le service qu'il venait de rendre, une admiration générale. « — Eh bien, il était, disait-il, désolé que ce dragon eût ôté la vie à celui auquel il venait de l'accorder. »

« Mon fils Louis, de son côté, était près de Civita-Castellana : il en disposait l'assaut et se croyait sûr de réussir[1]... »

Hortense avait écrit de Foligno à ses fils pour leur faire savoir qu'elle les attendait en cette ville. Sa lettre leur parvint, pendant leur retraite, à Forli. Le courrier, au retour de sa mission, dit à la duchesse de Saint-Leu qu'il avait vu ses fils, et que l'aîné toussait beaucoup ; il lui apprit en même temps, a raconté Hortense, que la rougeole était dans le pays où ils se trouvaient. Hortense, à cette nouvelle, veut encore se rapprocher de ses fils : qui sait? S'ils allaient être atteints de l'épidémie, elle pourrait les soigner elle-même à temps, les forcer à ne pas faire d'imprudences. Dans cette pensée, elle se dirige vers Ancône.

« J'étais en route pour Ancône, dit-elle, troublée, agitée, le cœur rempli de funestes présages, lorsqu'à la première poste après Foligno, une calèche s'arrête près de ma voiture. Un homme que je ne connais pas en sort. Je ne sais pourquoi je tremble. Il vient de la part de mes enfants. « — Le prince Napoléon est malade, me dit-il. — Il a la rougeole! m'écriai-je. — Oui, il vous demande. » A ces mots : il vous demande, je m'écrie avec effroi : « — Il est donc bien mal! » A l'instant je retourne sur mes pas[2]... »

La pauvre femme arrive à Pesaro. C'est pour y apprendre la mort de son fils!

C'est ainsi que la reine Hortense raconte la mort du prince Napoléon. C'est ainsi également que la raconte

1. *La reine Hortense en 1831*, p. 107.
2. *Ibid.*, p. 114.

un compagnon d'armes des princes[1]. Mais, est-ce une raison pour les croire? Il est probable qu'Hortense n'a publié ce volume de *Mémoires* sur l'année 1831 que pour raconter à sa façon une mort qui s'est produite d'une autre façon. Le prince n'est pas mort de la rougeole, il est mort assassiné! Le baron Hippolyte Larrey lui-même, si dévoué à la légende du *bloc* impérial et à tous les Bonaparte, dit qu'il a été tué[2] et que l'on a imaginé cette fable de la rougeole pour ne point trop affliger sa grand'mère en disant qu'il était tombé en combattant. Cette raison ne vaut rien, car il n'est personne qui ne préférât pour un des siens la mort du champ de bataille à la mort par la maladie. M. Larrey dit donc que le fils d'Hortense a été tué à la tête des partisans. De quelle manière? Il ne le dit pas; il veut laisser entendre, sans pourtant oser le dire, que c'est en combattant. Or, c'est par ses partisans eux-mêmes qu'il a été assassiné[3]. S'il était mort de

1. H. DE ROCCASERRA, dans une brochure imprimée à Corfou le 15 avril 1831. — Voir également : *Ma part dans les événements de l'Italie centrale*, par le général ARMANDI, 1831.

2. Baron H. LARREY, *Madame Mère*, t. II, p. 377.

3. Voici de quelle façon le drame est raconté dans *le Dernier des Napoléon* :

« Les conspirateurs arrivèrent un soir avec les deux Bonaparte dans une auberge de Forli. L'aubergiste apporte ce registre de police italienne, divisé en colonnes naïvement indiscrètes, que se rappellent bien ceux qui ont voyagé dans la Péninsule. Le registre demande au voyageur non seulement ses nom, prénoms et qualités, mais d'où il vient, où il va, l'objet de son voyage, etc., etc.

« Les conjurés étaient à la veille de leur prise d'armes et n'avaient plus rien à ménager.

« Le premier prend la plume et écrit : « Accursi, conspirateur, va à Rome pour renverser le pape! » Puis il passe la plume à l'aîné des Bonaparte, lequel écrit, après son nom, les mêmes indications, et repasse la plume à son frère, lequel, après avoir

la rougeole, comme veut le faire croire Hortense, il était une victime de la guerre pour l'unité de l'Italie et on lui eût élevé une statue; s'il était mort en combattant pour cette unité, comme l'insinue le baron Larrey, on eût fait de lui un héros, on l'eût chanté sur tous les tons et il aurait eu également sa statue dans ce pays où elles semblent un produit du sol. Au contraire : le silence se fait sur cette tombe, une

répété les mêmes formules, la tend au quatrième qui est Orsini *, et ainsi des autres.

« On avait vainement tenté de soulever les campagnes ; mais, « crétinisées par le fanatisme clérical », elles avaient refusé leur bonheur. On résolut donc de marcher sur Rome. La nuit, on tint conseil et l'on procéda à l'élection d'un chef.

« La chose se tira au sort.

« Le premier nom qui sortit fut celui de l'aîné des Bonaparte.

« Mais celui-ci, au grand ébahissement des carbonari, refusa la dignité.

« — Tous mes devoirs et tous mes sentiments de reconnaissance me défendent d'attaquer le pape. Ma famille n'a trouvé d'asile et de secours en Europe qu'auprès du Saint-Père, et je craindrais de rencontrer, sur l'escalier du Vatican, ma grand'mère et tous les miens. Je marche avec vous pour renverser le pouvoir clérical dans les provinces, mais ne me demandez pas de marcher sur Rome.

« Les conjurés se regardent avec inquiétude, les fronts se rembrunissent et Orsini répond :

« Que de pareils scrupules à l'heure suprême étaient étranges, fâcheux, mais surtout tardifs...; qu'il eût mieux valu les manifester avant d'avoir accepté les secrets de la conspiration ; qu'attaquer le gouvernement clérical, c'est attaquer le pape, la différence ne se distinguait pas bien...; qu'on avait bien insinué que les Bonaparte n'étaient entrés dans le mouvement que pour faire retirer aux autres conjurés une couronne du feu, etc., etc.

« Le matin, Napoléon-Louis expirait dans les bras de l'hôtelier, les uns disent d'une balle dans la poitrine, les autres d'un coup de poignard.

« Louis-Napoléon n'attendit pas le reste ; il s'échappa la nuit même et s'enfuit à Ancône, d'où sa mère l'enleva et le ramena à Paris. »

* Le père de celui qui lança sur Napoléon III ses fameuses bombes à l'Opéra, et fut exécuté à Paris le 13 mars 1858.

ombre de mystère plane sur ce mort, et l'on semble s'être donné le mot pour n'en jamais parler. N'est-ce pas significatif? Et si Hortense tient à donner le change sur la manière dont son fils est mort, c'est pour ne pas que la famille et le parti lui reprochent de l'avoir laissé s'engager dans cette insurrection, d'être cause de sa mort. M. de Roccaserra aurait reçu d'elle le mot d'ordre.

Mais Hortense n'a pas le loisir de se livrer à sa douleur; les Autrichiens approchent. Elle n'est plus la faible femme de 1807 qui ne voulait pas de consolations lorsqu'elle perdit son fils aîné. Maintenant qu'elle est devant le cadavre de son second enfant, elle ne songe qu'à le faire enterrer avant l'arrivée des Autrichiens, et, ce pieux devoir accompli, à fuir.

Elle fuit. Le soir même elle est à Fano, le lendemain à Ancône. La rapidité de sa marche vieillit son deuil; la nécessité lui donne de l'énergie et des forces. Elle ne parle que peu de la perte cruelle qui vient de la frapper : peut-être, en son for intérieur se sent-elle coupable de la mort de son fils : si elle ne l'avait pas poussé, tout au moins laissé aller dans cette insurrection, il serait toujours vivant, près de sa femme, près de sa mère. Nous devons parfois nos malheurs au hasard, mais nous les devons bien plus souvent à nous-mêmes. Cette idée sans doute l'obsède, et elle la chasse de devant ses yeux.

Comme le passeport anglais d'Hortense était pour une dame et deux jeunes gens, et qu'elle n'avait plus qu'un fils, elle demanda au jeune marquis Zappi, un des chefs du parti révolutionnaire, de voyager avec elle et de passer pour son fils. M. Zappi, qui était alors chargé de porter à Paris des dépêches du gouvernement révolutionnaire de Bologne, accepta. Mais il paraît qu'à ce moment le prince Louis tomba malade : de la rougeole, dit sa mère, pour aider à faire croire à la fable qu'elle a inventée pour dissimuler que son fils a été assassiné par ses compagnons. Comment faire? comment le cacher?... La duchesse se décide alors à répandre le bruit qu'elle s'est embarquée avec son fils pour Corfou. De cette façon, personne n'aura plus de soupçons.

Cependant le pauvre roi Louis avait appris, à Florence, la mort de son aîné. Tandis que Madame Mère écrivait à son petit-fils survivant : « Vous savez, mon enfant, que le toit qui nous couvre et que le pain que nous mangeons, nous les devons au Saint-Père », lui, il écrivait à sa femme Hortense : « Sauvez le fils qui nous reste, il faut qu'il s'embarque[1]. »

1. On lit dans *Le Dernier des Napoléon*, que nous avons déjà cité plus d'une fois :

« Le roi Louis surtout manifesta sa douleur avec véhémence. On sait que l'ex-roi de Hollande n'avait jamais voulu voir ou reconnaître son fils Louis-Napoléon. Dans son salon, à Florence, il avait tous les portraits de sa famille, et il faisait remarquer avec une certaine satisfaction qu'il n'y avait jamais admis l'enfant de prédilection de la reine Hortense. Il écrivit au Pape une lettre encore inédite aujourd'hui. C'est un des autographes les plus étranges de cette étrange famille.

« Saint-Père, écrivait le roi Louis, mon âme est accablée de tristesse, et j'ai frémi d'indignation quand j'ai appris la tentative criminelle de mon fils contre l'autorité de Votre Sainteté. Ma vie déjà si douloureuse devait donc encore être éprouvée par le plus cruel des chagrins, celui d'apprendre qu'un des miens ait pu oublier toutes les bontés dont vous avez comblé notre malheureuse famille.

« Le malheureux enfant est mort, que Dieu lui fasse miséricorde !

« Quant à l'autre qui usurpe mon nom, vous le savez, Saint-Père, celui-là, grâce à Dieu, ne m'est rien. J'ai le malheur d'avoir pour femme une Messaline qui accouche, etc., etc. »

Cette lettre, qu'on trouve aussi dans *la France impériale*, de M. Élie Sorin, p. 28 (Paris, 1873) est en effet fort étrange et il

Cependant Hortense était au chevet de son fils. Ce qui compliquait sa situation et la rendait extraordinairement difficile, c'est que le général en chef de l'armée autrichienne avait établi son quartier général

est regrettable qu'aucun de ces deux ouvrages ne l'ait insérée dans son intégralité. J'ai voulu en vérifier l'authenticité, à Rome, aux Archives du Vatican. Il m'a été répondu, fort gracieusement du reste, par le cardinal Galimberti, que le Pape n'autorisait la communication des documents de ses archives que jusqu'à l'année 1815. Il m'a donc été impossible de contrôler l'existence de cette lettre qui, si elle existe, trancherait un point aussi curieux que contesté de l'histoire contemporaine.

Il est certain que le roi Louis, lorsqu'il plaidait contre sa femme, ne réclamait qu'un de ses deux enfants, l'aîné. Avait-il des doutes sur la légitimité de la naissance du dernier ? Sa sœur Caroline lui en suggéra certainement en lui parlant de l'intimité d'Hortense et de M. Decazes à Cauterets. Mais la paternité de M. Decazes doit être écartée. Sous la Restauration, M. Decazes, préfet de police, se fût montré, si cela eût été, plus bienveillant pour Hortense, tandis qu'il la persécuta bien réellement par l'étroite surveillance qu'il faisait exercer sur elle en Suisse. C'est donc l'amiral Verhuell qui devrait endosser la paternité de celui qui fut Napoléon III, si l'on ne s'en rapportait pas au testament de l'ex-roi de Hollande, qui le considère comme son fils légitime.

Mais faut-il s'en rapporter à son testament ? Louis n'ayant plus d'enfant que celui-là, n'aurait-il pas étouffé ses scrupules sous ce qu'on appelle « l'intérêt supérieur du parti » et aussi sous l'orgueil du nom, qui lui commandait de ne point salir la mère de ce jeune homme sur qui reposaient maintenant toutes les espérances de la famille, ou du parti bonapartiste ? Car, quelque persuadé qu'il ait pu être de l'illégitimité de cet enfant, était-il bien digne à lui, par un désaveu de paternité de proclamer l'indignité de sa femme ? Cela l'eût en même temps couvert de ridicule. Ne valait-il pas mieux se taire ? Et est-ce pour toutes ces raisons qu'il écrivit le testament qui, après avoir spécifié un certain nombre de legs, un entre autres de 150,000 francs à son *pupille* Francesco Castelvecchio, qui était, à ce qu'on assure, son fils naturel, — se termine ainsi : « Je laisse tous mes autres biens, le palais de Florence, la grande terre de Civita-Nova, etc., etc., mes biens meubles et immeubles, actions et créances, enfin tout ce qui constituera mon héritage, sans en rien exclure, sauf les dispositions ci-dessus, à mon héritier uni-

justement dans le *palazzo* où s'était logée Hortense, et qu'elle était littéralement entourée d'Autrichiens. A force de prudence, elle parvint à sortir de cette situation épineuse, et, le médecin lui ayant déclaré au bout de huit jours, — c'est elle qui le raconte, — que son fils était en état de sortir, elle se munit d'un laisser-passer que lui délivra gracieusement le général en chef Geppert, chargé d'arrêter le prince Louis, et se mit en route le jour de Pâques, de grand matin. Son fils, sous une livrée de cocher, conduisait les chevaux, et le comte Zappi, déguisé en valet de pied, était assis derrière la voiture des femmes de service.

Son voyage se fit sans incident. A partir de Pise, le prince Louis et le comte Zappi quittèrent la livrée et cheminèrent sous la protection du passeport anglais dont la duchesse de Saint-Leu avait eu la précaution de se munir à Florence. Et c'est ainsi que la petite caravane arriva aux frontières de France.

On ne pouvait cependant se départir des plus grandes précautions. Le territoire du royaume était toujours interdit aux membres de la famille Bonaparte. N'importe : la duchesse de Saint-Leu y entra hardiment, fit viser son passeport anglais à Antibes, coucha à Cannes, et prit la route de Paris. En approchant de la capitale, les souvenirs de l'Empire l'as-

versel, Napoléon-Louis, seul fils qui me reste. Auquel fils et héritier je laisse comme témoignage particulier de ma tendresse, mon « dunkerque » situé dans ma bibliothèque, avec toutes les décorations et souvenirs qu'il contient et, comme témoignage encore plus particulier d'affection, je lui laisse tous les objets qui m'ont été envoyés de Sainte-Hélène et qui ont appartenu à mon frère l'Empereur Napoléon, lesquels sont renfermés dans un meuble construit à cet effet. » (*Journal des Débats* du 12 août 1846.) — Le roi Louis était mort le 25 juillet à Florence, et son testament avait été ouvert le lendemain.

Cliché Tallandier

CASIMIR PÉRIER
d'après une lithographie de DEVÉRIA

saillaient en foule : c'était Nemours, où, en 1809, elle avait appris à Eugène, en allant au-devant de lui, que le divorce de l'empereur était décidé ; c'était Fontainebleau, où elle déjeuna et s'arrêta une journée pour en faire visiter le château à son fils, et y retremper elle-même ses espérances à ses souvenirs.

A Paris, est-ce par hasard ? l'ex-reine de Hollande descendit à l'hôtel de Hollande, rue de la Paix. Elle fit écrire par Mlle Mazuyer, sa demoiselle de compagnie, à M. d'Houdetot, aide de camp du roi Louis-Philippe, qu'elle venait, elle, Mlle Mazuyer, d'arriver à Paris avec une famille anglaise, qu'elle était chargée par la reine Hortense d'une commission pour lui et qu'il voulût bien venir la voir.

M. d'Houdetot se présenta le lendemain soir et fut extrêmement surpris de se trouver en face de la reine Hortense en personne. Il fut mis au fait de l'aventure et la reine le chargea d'exprimer au roi Louis-Philippe le désir qu'elle avait de le voir. M. d'Houdetot s'acquitta de sa mission. Il revint le lendemain. Il dit à Hortense que le roi s'était récrié sur l'imprudence qu'elle avait faite en venant ainsi en France sans autorisation, et qu'il l'avait chargé de lui dire qu'il n'était pas le maître, que son ministère était seul responsable et qu'en conséquence il ne pouvait mieux faire que de lui envoyer le président du conseil, M. Casimir Périer.

Rien ne pouvait plus contrarier Hortense que de ne pas avoir affaire à Louis-Philippe lui-même. Il fallut pourtant se résigner et dire au ministre ce qu'elle se proposait de dire au roi. « J'ai été, lui dit-elle, obligée de traverser la France, et je voulais que vous ne l'apprissiez que par moi, afin que vous ne me supposiez pas d'autre désir que celui de sauver mon fils... Je sais bien que j'ai transgressé une loi; j'en ai pesé toutes les chances; vous avez le droit de me faire arrêter, ce serait juste. — Juste, non, interrompit M. Périer, légal, oui. »

Le lendemain, M. d'Houdetot venait chercher la duchesse de Saint-Leu pour la présenter au roi. « Il fut poli, dit Hortense, gracieux même. Il me parla de l'exil de notre famille comme lui pesant sur le cœur. « — Je connais toute la douleur de l'exil, me dit-il, et il ne tient pas à moi que le vôtre ait déjà cessé... » Et il ajouta : « — Le temps n'est pas loin où il n'y aura plus d'exilés; je n'en veux aucun sous mon règne[1]. »

Hortense apprit alors au roi que son fils l'avait accompagnée à Paris. « Je m'en suis bien douté, dit le roi, mais je vous demanderai de tenir votre arrivée ici secrète. » Hortense promit et elle dit dans ses *Mémoires* qu'elle a tenu parole.

Elle prit congé du roi après avoir vu la reine et Madame Adélaïde, sœur du roi : « Je reçus, dit-elle, tant de marques d'intérêt que je les quittai, enchantée de leur accueil et touchée de la sympathie qu'ils avaient montrée pour mes douleurs[2]. »

Cependant le prince Louis tomba malade : c'était décidément une habitude chez lui dans les circonstances graves. Il avait une irritation de la gorge. Tandis qu'Hortense lui donnait ses soins, elle reçut la visite de M. Casimir-Périer, qui lui témoigna une déférente sympathie. Il revint la voir, il lui parla de ses affaires d'intérêt, de son duché de Saint-Leu qu'il y aurait peut-être moyen de reconstituer; il lui proposa même, en sa qualité de banquier, de lui prêter

1. *La Reine Hortense en 1831*, p. 183.
2, *Ibid.*, p. 188.

personnellement l'argent nécessaire pour continuer son voyage, dans le cas où elle en aurait besoin.

Hortense remercia, dit que le roi avait eu la bonté de lui faire la même offre, mais qu'elle venait de faire toucher une somme de 16,000 francs chez M. Jacques Lefèvre, son banquier, et que cette somme lui suffirait pour aller à Londres. Elle ne voulut voir sous tant d'amabilités, — du moins, elle le dit — que la crainte du gouvernement que le peuple n'apprît sa présence à Paris par son banquier. Peut-être cette idée ne fut-elle pas étrangère au manque absolu de reconnaissance qu'elle montra à Louis-Philippe, puisqu'elle poussa son fils, ou du moins ne s'opposa nullement à la tentative qu'il fit pour le détrôner, en 1836.

Hortense a dit que, sans la maladie de son fils, elle aurait quitté Paris sur-le-champ. Cette « maladie » ne paraissait pas diminuer, non plus que la reine ne semblait disposée à s'en aller. On était au 4 mai et il y avait déjà onze jours qu'Hortense et son fils étaient à Paris. Le gouvernement, inquiet des manifestations qu'il savait qu'on préparait pour le 5 mai, anniversaire de la mort de Napoléon, et qui devaient avoir lieu autour de la colonne de la place Vendôme, eût désiré ne pas voir Hortense à Paris ce jour-là. La reine, de son côté, semblait tenir à s'y trouver et mettait en avant, pour rester, la maladie, imaginaire peut-être, exagérée à coup sûr, de son fils. Elle dit même que, pour comble de disgrâce, sa demoiselle de compagnie était elle-même tombée sérieusement malade.

Il y avait déjà eu des troubles, excités par les bonapartistes, le 16 avril, et l'on craignait que le prince Louis ne voulût se mêler à ceux projetés pour le 5 mai. L'hôtel de Hollande, où il était descendu avec sa mère, et dont les fenêtres donnaient sur la place

Vendôme, semblait avoir été choisi exprès pour qu'il lui fût facile de s'y mêler, si l'occasion s'en présentait.

Cependant, le 5 mai, la manifestation annoncée se fit. Hortense, à sa fenêtre, jouissait délicieusement de ce spectacle, se demandant si le moment n'était pas venu de descendre avec son fils sur la place et de se faire reconnaitre de la foule, quand soudain M. d'Houdetot, aide de camp du roi, se fit annoncer. « Madame, lui dit-il, il faut partir à l'instant. Vous ne pouvez demeurer ici plus longtemps; j'ai ordre de vous le dire : à moins qu'il n'y ait positivement risque pour la vie de votre fils, il faut partir! »

Hortense était vivement contrariée d'être obligée de quitter Paris au moment où elle tenait le plus à y rester. La santé de son fils n'était évidemment qu'un prétexte pour demeurer, et il est infiniment probable que les agissements d'Hortense à Paris étaient cause de la décision qui venait d'être prise à son égard. Malgré ses promesses de ne point sortir, de rester enfermée à l'hôtel, la police, qui la surveillait, l'avait vue dans des endroits publics. Hortense, toujours fidèle à son habitude de se poser en victime et de ne dire, de la vérité, que ce qui lui convient, malgré ses protestations de dégoût pour le mensonge, convient cependant qu'elle sortit de son hôtel. Mais « j'avais un voile, dit-elle, je ne pouvais être reconnue[1] ». Elle l'avait été cependant, et elle dit elle-même qu'elle s'aperçut qu'on la suivait et qu'elle fit son possible, par une fuite précipitée, en changeant de fiacre plusieurs fois, de dépister les espions. Et c'est à la suite des rapports de police sur ses sorties dans Paris qu'elle avait reçu l'ordre de partir sur l'heure. Casi-

1. *La Reine Hortense en 1831*, p. 201.

mir Périer avait dit au roi, en lui faisant part de cet arrêt d'expulsion immédiate : « A l'heure où je vous parle, cette mère éplorée, cette mère au fils mourant visite les casernes et présente aux officiers l'héritier de l'empereur[1] ! » C'est ainsi qu'elle manifeste sa reconnaissance au roi Louis-Philippe.

Il fallut bien qu'Hortense se résignât à quitter Paris. Mais, pendant que ses femmes de chambre s'occupaient des préparatifs du départ, elle alla avec sa demoiselle de compagnie — qui, depuis qu'il n'y avait plus d'intérêt à être malade, avait quitté le lit — sur la place Vendôme. Il y avait une grande foule autour de la colonne : tout ce peuple était houleux, agité et semblait disposé à des excès. Le maréchal Mouton, comte de Lobau, le dispersa avec des pompes à incendie, ce qui provoque chez Hortense des réflexions désobligeantes pour le gouvernement du roi. Mais sa mauvaise humeur provient de ce qu'elle s'aperçoit qu'elle ne peut rien tenter contre un gouvernement qui a pour premier ministre un homme de caractère, Casimir Périer. Force lui fut donc, après avoir constaté que le moment n'était pas favorable, de remettre à plus tard la réalisation de ses projets. Elle monta en voiture et prit la route de Calais. Le 12 mai, elle était à Londres. Mais on ne pouvait plus maintenant l'appeler la reine royaliste : depuis le retour des Bourbons, elle avait cessé d'être royaliste; depuis la mort de l'empereur, elle était, pour de bon, devenue impérialiste : la mort du duc de Reichstadt fera d'elle une bonapartiste déterminée et militante; dans ses rêves, elle verra son fils sur le trône impé-

1. *Le Dernier des Napoléon*, p. 26. — Voir aussi cet épisode dans la *Lettre sur l'Histoire de France*, par le duc D'AUMALE.

rial et, dans la vie, elle ne négligera rien pour voir réaliser ces rêves.

A Londres, on lui témoigna de la sympathie : aussi trouve-t-elle que le peuple anglais est un grand peuple. Mais l'ambassadeur de France à Londres, qui était M. de Talleyrand, l'ancien grand chambellan de Napoléon, s'émut de voir l'ex-reine de Hollande dans la capitale de l'Angleterre. Il la fit interroger par un de ses amis. Hortense répondit, avec malice ce semble, que son intention était de retourner en Suisse et qu'elle passerait par la Belgique, puisqu'elle ne pouvait traverser la France. Grand émoi alors dans le corps diplomatique! Un Bonaparte, qui vient de dévoiler ses ambitions en prenant part à l'insurrection de la Romagne, traverser la Belgique! Et cela au moment où Bruxelles bouillonne, où la Belgique tout entière est presque la proie de l'anarchie! En vérité, cela ne se pouvait. Et justement en ce moment, des journaux anglais disaient nettement que l'ex-reine de Hollande n'était venue en Angleterre que pour solliciter en faveur de son fils le trône de Belgique.

Depuis quelques années, Hortense commençait à se former. Son esprit, maintenant, était capable de conceptions. Eut-elle le projet que lui prêtaient les journaux anglais? C'est possible; mais en voyant de quelle manière M. de Metternich avait démenti le bruit de la candidature du duc de Reichstadt au trône de Belgique[1], elle ne s'y arrêta pas longtemps et n'en parle pas dans ses *Mémoires;* elle dit seulement : « On craignait encore plus mon passage à Bruxelles que partout ailleurs. On m'assura que le

1. Voir Metternich, *Mémoires*, t. V, p. 120.

peuple était là toujours en effervescence, qu'il n'y aurait rien d'extraordinaire qu'il voulût nous proclamer au passage... » Si Hortense avait vu la moindre chance d'être proclamée au passage, ce serait la connaître bien peu que de douter qu'elle n'eût trouvé le moyen d'aller en Belgique. Mais, semblable au renard de La Fontaine qui, ne pouvant atteindre les raisins, les trouve trop verts, elle dit : « Qu'on se rassure, je ne passerai pas par la Belgique. »

Pour trancher toute difficulté, M. de Talleyrand lui fit offrir un passeport, sous un nom supposé, lui permettant de traverser le nord de la France pour se rendre en Suisse. Cette obligeance contraria Hortense. Elle eût préféré attendre les événements à Londres et qu'on ne s'occupât point de ce qu'elle y pouvait faire. Elle répondit alors à M. de Talleyrand qu'elle avait déjà écrit au roi Louis-Philippe pour obtenir de lui cette autorisation, et qu'elle était bien obligée d'attendre la décision royale. On était cependant si convaincu à Londres qu'elle s'y occupait de tout autre chose que de crayonner des paysages ou de chanter des romances, que le prince Léopold de Saxe-Cobourg, le nouveau roi de Belgique, étant venu la voir avant son départ, lui dit en riant : « Vous ne me prendrez pas mon royaume en passant, n'est-ce pas? »

Comme elle avait reçu de M. de Talleyrand ses passeports le 1er août, que Léopold Ier avait pris possession de son royaume de Belgique, qu'elle ne voyait rien à tenter en ce moment, la reine Hortense se résolut à rentrer à Arenenberg. Elle prit le bateau à vapeur, chose alors toute nouvelle, et débarqua à Calais. Les souvenirs de l'Empire l'assaillirent en foule, dès qu'elle eut mis le pied sur la terre française.

Boulogne était à deux pas; on y avait donné des fêtes en son honneur, en 1805, elle y conduisit son fils; elle y retrempa ses espérances dans les souvenirs du passé : « Là, disait-elle, étaient les camps des troupes, ici était la baraque de l'empereur, là, la Tour d'Ordre. Le trône était placé ici, le jour de cette fête inoubliable où votre oncle Napoléon, mon fils, distribua à la Grande Armée les croix de la Légion d'honneur... » Elle semblait vraiment lui dire : *Seges ubi Troja fuit!..* Puis, après quelques minutes de silence : « Il dépend de vous, mon fils, ajouta-t-elle, de faire revivre ces temps héroïques. Avec de la volonté, de l'audace, vous en viendrez à bout. » Partout, chaque fois que l'occasion s'en présentait, elle ravivait chez le prince la fièvre impériale. En traversant Chantilly : « Ces bois, dit-elle, étaient à moi; ils faisaient partie de l'apanage que votre oncle avait érigé pour votre frère, mort à Forli. Est-ce que vous ne me les rendrez pas un jour? » De Chantilly, elle alla à Ermenonville. « Cette terre, disait-elle, était aux Girardin. Que de belles chasses j'y ai vues du temps de l'empereur! » Le lendemain, elle conduisait son fils à Mortefontaine. « Ici habitait votre oncle Joseph. Les plus belles fêtes du Consulat furent données dans ce château et dans ce parc. Tout ce qu'il y avait de plus distingué parmi les Français et les étrangers se donnait rendez-vous ici. Hélas! Ne reverrai-je donc point, avant de mourir, des temps aussi glorieux? »

Le prince eût voulu aller à Saint-Leu, mais Hortense trouva que ce détour l'eût trop éloignée de sa route, et quoiqu'il y eût dans l'église de Saint-Leu le tombeau du père de Napoléon, le tombeau de son fils aîné mort à La Haye, celui qu'elle avait tant pleuré, le tombeau de Mme de Broc, son amie, morte si tragi-

Cliché Tallandier

Le parc de MORTEFONTAINE
d'après un dessin de CONSTANT BOURGEOIS

quement, elle ne l'y conduisit pas. « Revoir cette campagne créée par moi, a-t-elle écrit, qui avait été récemment témoin de la mort affreuse d'un vieillard[1] et devenue la propriété d'une autre personne, c'eût été aller chercher une impression trop pénible[2] ».

Elle en alla cependant chercher une autre, qui ne devait pas lui être moins pénible, en visitant la Malmaison. Elle trouva le parc divisé en une foule de parcelles de terre, vendues à des particuliers qui y avaient construit des villas. Elle s'en consola en allant prier sur le tombeau de sa mère, dans l'église de Rueil.

C'était fini pour les souvenirs et les émotions. L'ex-reine de Hollande prit la route de Versailles, traversa Melun, Sens, tout l'est de la France et toucha enfin à Arenenberg.

On eût pu croire qu'après tant de vicissitudes, Hortense ne songerait plus qu'au repos. Elle en prit, assurément; elle en prit même à hautes doses, mais c'eût été la mal connaître que de penser qu'elle s'y livrerait entièrement. Malgré son goût affiché pour le calme et la tranquillité, elle n'était plus hantée que par des rêves de grandeurs. Il est vrai que c'était pour son fils.

Elle pensa pour lui au trône de Pologne. Joséphine y avait songé pour Eugène en 1807, alors qu'on croyait que Napoléon le rétablirait. Murat avait, dans le même temps, cru sérieusement que l'empereur le reconstituerait en sa faveur. Pourquoi le prince Louis n'y penserait-il pas ?... Pendant qu'elle fuyait l'Italie,

1. Le prince de Condé, qui fut trouvé un matin pendu à l'espagnolette de sa fenêtre.

2. *La Reine Hortense en 1831*, p. 265.

en 1831, Hortense avait eu des conversations sur la Pologne avec le marquis Zappi, qui avait épousé la fille du prince Poniatowski, et ses fils avaient menacé le roi Louis, leur père, d'aller se battre en Pologne s'il voulait les empêcher de s'occuper des affaires d'Italie. Rentrée à Arenenberg, Hortense songea que, si la Pologne conquérait son indépendance, elle pourrait se reconstituer en royaume et appeler, pourquoi pas? un Bonaparte, son fils au trône. Peut-être même ne fut-elle pas étrangère aux manifestations qui eurent lieu à Paris, au mois de septembre 1831, en faveur de la Pologne. Les émeutiers criaient bien : *Vive la Pologne!* mais ils criaient aussi : *Vive l'empereur!* Et comme Napoléon était mort, il ne pouvait s'agir que de son neveu. Mais est-ce l'argent de la reine Hortense qui leur faisait pousser ces cris? C'est infiniment probable. M. Gisquet, préfet de police, premier commis et homme de confiance de Casimir Périer, a dit qu'un crédit de 12,000 francs était ouvert par la reine Hortense sur une maison de banque de Paris, que le parti napoléoniste n'avait pas cessé un instant d'être en activité, et qu'Hortense avait pour agents à Paris les nommés Zaba, réfugié polonais, et Mirandolli, réfugié italien[1].

Tandis qu'Hortense soudoyait des émeutiers à Paris, dans l'espoir qu'un mouvement populaire finirait par décider la France à intervenir dans les affaires de Pologne, elle négociait avec le comte Plater le trône de Pologne pour son fils; mais la prise de Varsovie fit évanouir ce nouveau rêve.

Elle se remit, encore une fois, au repos presque absolu. Elle demeurait étendue des heures entières, à

1. M. Gisquet, préfet de police, *Mémoires*, t. I, p. 349-350.

l'ombre des grands arbres de son parc, les yeux dans le vague, là-bas, du côté du lac... Puis, elle montait en calèche découverte et faisait sa promenade quotidienne. Le soir, elle se mettait au piano, lançait quelques accords, et, tourmentée du désir de figurer dans l'histoire autrement que comme une étoile de troisième ou quatrième grandeur gravitant, effacée, inaperçue presque, autour de la gigantesque personnalité de Napoléon, désireuse aussi de se montrer à la postérité sous un jour favorable, elle s'asseyait à sa table et écrivait encore quelques pages de ses *Mémoires*.

Tout à coup, un événement dont elle avait peut-être escompté la possibilité, qu'elle avait peut-être aussi espéré dans ses méditations ambitieuses et bocagères, vint donner un but précis, immuable cette fois, à ses agissements : cet événement, c'était la mort, à Vienne, du fils de Napoléon !

A partir de ce moment, Hortense répète chaque jour à Louis qu'il est le chef de la famille et qu'il a le devoir de devenir celui de la France. C'est vers le trône de France qu'elle aiguille son fils : elle prépare la voie et bientôt elle le lancera à toute vapeur. Mais, novice, le prince déraillera dès les premiers tours de roue.

En attendant, Hortense continue la rédaction de ses *Mémoires;* elle s'y livre avec ardeur. Elle y mettait la dernière main lorsque Mme Récamier et M. de Chateaubriand, qui s'étaient donné rendez-vous à Constance et s'étaient rejoints, vinrent lui faire visite. « Il était impossible à Mme Récamier, a écrit sa nièce, de voyager en Suisse sans accorder quelques jours à une personne aimable et bonne, à laquelle on était d'autant plus tenu de témoigner des égards que sa position était plus difficile, et dont on pouvait sans arrière-pensée courtiser l'infortune, car rien n'était alors plus improbable qu'un retour de l'héritier de Napoléon à la suprême puissance [1] ».

Hortense invita à dîner ces illustres voyageurs : ils acceptèrent, et Chateaubriand a raconté la réception cordiale qui leur fut faite à Arenenberg [2].

1. *Souvenirs et correspondance de Mme Récamier*, t. II.

2. « Le 29 août, dit-il, j'allai dîner à Arenenberg. Arenenberg est situé sur une espèce de promontoire dans une chaîne de collines escarpées ; la reine de Hollande, que l'épée avait faite et que l'épée a défaite, a bâti le château, ou, si l'on veut, le pavillon d'Arenenberg. On y jouit d'une vue étendue, mais triste. Cette vue domine le lac inférieur de Constance, qui n'est qu'une expansion du Rhin sur des prairies noyées. De l'autre côté, on aperçoit des bois sombres, restes de la Forêt-Noire, quelques oiseaux blancs voltigeant sous un ciel gris et poussés par le vent glacé. Là, après avoir été assise sur un trône, après avoir été outrageusement calomniée, la reine Hortense est venue se percher sur un rocher ; en bas est l'île du lac où l'on a, dit-on, retrouvé la tombe de Charles le Gros et où meurent à présent des serins qui demandent en vain le soleil des Canaries. Mme la duchesse de Saint-Leu était mieux à Rome ; elle n'est cependant pas descendue par rapport à sa naissance et à sa première vie : au contraire, elle a monté. Son abaissement n'est que relatif à un accident de sa fortune ; ce ne sont pas là de ces chutes comme celle de Madame la Dauphine, tombée de toute la hauteur des siècles.

« Les compagnons et les compagnes de Mme la duchesse de Saint-Leu étaient son fils, Mme Salvage, Mme ***. En étrangers, il y avait Mme Récamier, M. Viellard et moi. Mme la duchesse de Saint-Leu se tirait fort bien de sa difficile position de reine et de Mlle de Beauharnais. Après le dîner, Mme de Saint-Leu s'est mise à son piano avec M. Cottrau, grand jeune peintre à moustaches, à chapeau de paille, à blouse, à col de chemise rabattu, au costume bizarre. Il chassait, il peignait, il chantait, il riait, spirituel et brillant... Mme la duchesse m'a lu quelques fragments de ses *Mémoires*. Elle m'a montré un cabinet rempli de dépouilles de Napoléon. Je me suis demandé pourquoi ce vestiaire me laissait froid, pourquoi ce petit chapeau, cet uniforme porté à telle bataille me trouvaient indifférent : j'étais bien plus troublé en racontant la mort de Napoléon à Sainte-Hélène. » (*Mémoires d'outre-tombe*, t. V, p. 484.)

« La reine Hortense, a dit encore Mme Le Normand, mit une gracieuse coquetterie dans l'hospitalité d'un moment que le hasard lui faisait offrir au fidèle serviteur des Bourbons, à l'ancien ministre de Louis XVIII à l'auteur de l'immortel pamphlet qui avait si puissamment aidé à la chute du premier Empire. Elle lut à Mme Récamier et à M. de Chateaubriand quelques fragments de ses propres *Mémoires*. Son établissement à Arenenberg était élégant, large sans faste, et ses manières, à elle, simples et caressantes. Elle affichait, trop peut-être pour qu'on y ajoutât une foi entière, le goût de la vie retirée, l'amour de la nature et l'aversion des grandeurs. Ce ne fut pas sans quelque surprise, après toutes ces protestations de renoncement aux illusions de la fortune, que les visiteurs s'aperçurent du soin que la duchesse de Saint-Leu et toutes les personnes de sa maison, mettaient à traiter son fils, le prince Louis, en souverain, il passait partout le premier. »

Il était nécessaire de citer textuellement ce passage des *Souvenirs et correspondance de Mme Récamier* pour faire voir que déjà l'on trouvait que ces goûts de simplicité, plus affectés que réels, étaient en complète contradiction avec sa conduite. D'ailleurs, Hortense a été en tout la personnification de l'esprit de contradiction : elle avait en même temps le talent de se faire passer pour la femme la plus soumise à tout, même à son mari. Il faut aussi remarquer, dans la citation qui vient d'être faite, le soin avec lequel Hortense et toutes les personnes de sa maison traitaient le prince Louis en souverain. Elle le considérait comme l'héritier de Napoléon et faisait tout au monde pour le pénétrer de la nécessité pour lui de se poser comme tel. Et pourtant, lorsqu'elle commença à agir ainsi, le fils de Napoléon n'était pas encore mort ! Qu'eût pensé l'empereur, si, du fond de sa tombe de Sainte Hélène, il avait pu, revenant à la vie pour quelques instants, connaître la conduite de sa fille adoptive !

Les *Mémoires* qu'Hortense écrivit à Arenenberg, probablement revus et corrigés, comme l'étaient ses romances et souvent aussi ses dessins, ne sont pas encore livrés au public. L'ex-reine de Hollande en a, comme on sait, publié quelques fragments (peut-être sont-ils tout ce qu'elle a écrit?) en 1831, et il en a été fait une réimpression en 1861. Il est intéressant de reproduire ici la lettre par laquelle Hortense annonce à Mme Récamier qu'elle se décide à publier les fragments de ses *Mémoires* dont elle a entendu déjà la lecture à Arenenberg : il y a dans cette lettre une comparaison d'un goût douteux, plus que douteux même, et qu'une honnête femme n'aurait jamais faite :

Ce 27 octobre 1833.

« Je ne veux pas laisser partir notre amie commune (Mme Salvage) sans vous parler de mes sentiments pour vous et du plaisir que j'aurais à vous revoir ici. J'espère que ce sera chez moi que vous viendrez dorénavant. Mme Salvage vous dira que j'ai pris mon grand parti de faire publier mon triste voyage en France. Je l'ai écrit cet hiver pour moi seule. Depuis que je l'ai lu, on me force à le rendre public; j'ai cédé, non sans peine, car je vous ai dit l'effet que je ressens lorsque je mets tout le monde dans la confidence de mes idées et de mes impressions. Il me semble que ce soit voler aux personnes que j'aime et que je distingue une confiance qui ne doit pas être jetée à chacun; c'est m'ôter aussi le plaisir des *a parte*.

« J'éprouve d'avance un si grand embarras de cette publication que je ressemble assez à une personne qui se déciderait à se montrer toute nue, sans se croire positivement bossue. Vous m'avouerez qu'il faut du courage, car la position est gênante. Enfin, j'ai dit oui, et je dois supporter tous les inconvénients attachés au titre d'auteur. Je n'ai rien composé pourtant, et je me mets en danger d'être sifflée. Ce ne sera pas par vous, j'en suis bien sûre, et il m'est doux au contraire de penser que votre cœur comprendra le mien, et que vous porterez de l'intérêt à des douleurs que vous connaissez déjà.

« Grâce à vous, vos amis seront indulgents ; voilà déjà bien de quoi me rassurer. Parlez-leur de moi, je vous prie, et recevez l'assurance de mes tendres sentiments ».

« Hortense. »

L'année suivante, Hortense, mise en goût par cette première publication, livra au public les *Lettres de Napoléon à Joséphine*. Il n'y en a qu'un choix; il est même très évident que quelques-unes de ces lettres, et non les moins importantes, ont été omises. Est-ce intentionnellement, ou Hortense ne les possédait-elle pas? Quoi qu'il en soit, outre le grand intérêt historique attaché à ces lettres, la fille de Joséphine les publiait pour essayer de laver sa mère du reproche d'extrême légèreté qu'on lui faisait, et cela à très juste raison. Aussi y a-t-il encore des personnes qui croient à la conduite irréprochable de la première femme de Napoléon et conservent pour la mémoire de Joséphine une vénération injustifiable.

Les années cependant se succédaient. On venait d'entrer en 1836 lorsque l'ex-roi de Westphalie, allant chercher sa fille Mathilde à Stuttgart, s'arrêta à Arenenberg et passa quelques mois auprès de sa belle-sœur Hortense. « C'est pendant cette réunion des deux familles que Jérôme et sa belle-sœur formèrent le projet de mariage entre la princesse Mathilde et le prince Louis [1]. » Mais il en fut de ce projet comme de celui qu'avait formé Joséphine pour marier Hortense avec Jérôme. Ce n'est pas ici le lieu de raconter les causes de la rupture de ce projet de mariage ; ce serait trop long. Mais il est probable que le prince Louis ne voulait point s'engager dans les liens du mariage avant la réussite des projets qu'il méditait. C'est même si vraisemblable que, dans le courant même de cette année 1836, s'ennuyant sans doute d'attendre une couronne qui ne venait pas le trouver, aucun changement n'étant à prévoir en Europe, aucun événement ne se produisant en France, il résolut d'en faire naître et de tenter la fortune.

Il s'ouvrit de ses projets à sa mère. Il s'agissait tout bonnement de provoquer un soulèvement, militaire et populaire à la fois, dans une grande ville de France. Strasbourg se prêtait à merveille à cette entreprise. Le prince se faisait fort de détourner de ses devoirs la garnison de cette ville, de l'entraîner à sa suite, de la grossir des régiments qu'il rencontrerait sur sa route, d'une foule de volontaires aussi, et d'arriver à Paris à la tête de tout cela. De son côté Paris, instruit par le télégraphe de ce mouvement enthousiaste, ferait cause commune avec les insur-

1. *Mémoires et correspondance du roi Jérôme et de la reine Catherine.*

Cliché Neurdein

TALLEYRAND

d'après un tableau de Mademoiselle GODEFROY

gés, le roi serait chassé et le prince Louis proclamé Empereur des Français : un vrai petit retour de l'île d'Elbe[1].

On a dit qu'Hortense, effrayée des conséquences d'un tel projet dans le cas où son fils ne réussirait pas, le combattit de toutes ses forces. Elle était bien femme en cela. Elle avait chaque jour poussé son fils à renverser le gouvernement établi en France, et, le moment arrivé de passer de la théorie à l'exécution, elle ne voulait plus le laisser faire. Elle y consentit cependant. Et pourtant elle a écrit en 1832, lorsqu'elle dit qu'elle renonce à réclamer à l'État ce qui lui est dû : « Je ne voulais pas qu'on pût nuire à mon caractère en me supposant capable d'employer la fortune qui me serait rendue à fomenter des troubles dans mon pays[2]. » Non, elle ne voudrait pas qu'on l'en crût capable, non plus sans doute que d'essayer de renverser du trône un roi qui s'est montré, pour elle et son fils, animé de la plus grande indulgence, alors qu'il pouvait les faire emprisonner à perpétuité, un roi qui leur avait donné des preuves d'une bonté excessive, — et pourtant elle en fut coupable. Pauvre Hortense ! Jamais ses actes ne seront conformes à ses paroles et aux principes qu'elle proclame ; Hortense, c'est la contradiction personnifiée. Jamais femme ne fut moins franche, et, par une coquetterie raffinée dans le faux, elle dit, elle fait dire et elle écrit elle-

1. Voir *Relation historique des événements du 30 octobre 1836*, par Armand Laity, ex-lieutenant d'artillerie, ancien élève de l'École Polytechnique (Paris, librairie Thomassin et Cie, 1838) ; et aussi *Relation de l'entreprise du prince Napoléon-Louis*, par F. de Persigny, aide de camp du prince pendant la journée du 30 (Londres).

2. *La Reine Hortense en 1831*, p. 283.

même qu'il n'en fut jamais de plus sincère, de plus ennemie du mensonge !

Tandis que son fils préparait son entreprise, Hortense, superstitieuse, cherchait à connaître d'avance les arrêts du destin. « La reine Hortense, a dit un historien de Napoléon III, mêlait aux prétentions de son fils, à des appels à la destinée, les superstitions de la femme ; croyant comme sa mère Joséphine aux présages, à l'influence des astres, à la puissance des incantations, elle consultait les tireurs d'horoscopes et les somnambules de village [1]. » Jamais occasion plus solennelle ne s'était présentée pour cette pauvre Hortense de consulter les « voyantes » et sorcières de son temps. Deux ans auparavant, pourtant, elle n'avait pas obtenu une réponse bien satisfaisante de l'un de ces oracles en jupons ; mais cela ne la guérissait pas de cette infirmité morale et intellectuelle. « M. de la Guéronnière, traçant un portrait du prince Louis, raconte qu'en 1834 la reine Hortense, se trouvant à Rome, consulta une somnambule qui s'écria : « — Ah ! une grande nation le prend pour chef, » et qu'alors la reine ajouta, haletante et transportée : « — Pour empereur, n'est-ce pas ? » mais que la somnambule répliqua : « — Pour empereur, jamais ! » [2].

Toujours est-il qu'avant de laisser partir le prince pour sa folle et criminelle entreprise, elle lui passa au doigt l'anneau de mariage de Napoléon et de Joséphine en lui disant : « Si quelque danger te menaçait, tiens, voilà un talisman, il te portera bonheur. »

La tentative échoua piteusement. Appréhendé au collet par un officier honnête homme, le lieutenant-

1. Taxile Delord, *Histoire du second Empire*, t. I, p. 28.
2. H. Thirria, *Napoléon III avant l'Empire*, t. II, p. 524.

colonel Taillandier, tandis qu'il appelait les soldats à la révolte dans la cour d'une caserne de Strasbourg, le prince Louis fut conduit à la citadelle puis amené à Paris. Il suivait l'itinéraire suivi trente-deux ans avant lui par un autre prince prisonnier : mais quelle différence dans leur situation ! Le duc d'Enghien avait été enlevé sur le territoire étranger, tandis que le prince Louis était venu, à main armée, dans un pays dont l'accès lui était interdit, pour exciter les troupes à la révolte et renverser le gouvernement : Quelle différence pourtant dans la manière dont ils furent traités ! L'un, condamné à mort et exécuté sans désemparer ; l'autre, grâcié, embarqué sur une frégate pour les États-Unis et recevant, du roi qu'il voulait détrôner, une somme de 10,000 francs pour parer à ses premiers besoins à New-York [1] !

Après le départ de son fils pour Strasbourg, la reine Hortense attendait, anxieuse, des nouvelles.

1. Le roi Louis avait appris avec beaucoup de chagrin la criminelle tentative de son fils. Il écrivait, de Pise, en parlant de lui :

Pise, 20 janvier 1837.

« J'ai pris le parti de n'y plus songer. Toutes les fois que je reçois des lettres ou quelque écrit relatif à mon malheureux fils, je les brûle sans les lire. C'est ce que je viens de faire pour deux imprimés relatifs à cet objet. *C'est sans doute sa malheureuse mère qui fait faire ces brochures...* »

Jérôme, lui, en apprenant l'échauffourée de Strasbourg, avait écrit à Joseph :

Florence, 29 novembre 1836.

« Tout ce que tu me dis de l'extravagance de notre neveu Louis est bien juste. Nous ne savons ici que ce que les journaux annoncent, et c'est assez pour gémir sur une si ridicule entreprise ; tu conçois dans quel état est son malheureux père. *Pourquoi Hortense a-t-elle laissé son fils se lier avec tant d'intrigants ?* » (J. CLARETIE, *L'Empire, les Bonaparte et la cour*, p. 120).

Elle reçut un billet l'informant que son fils était proclamé empereur. Elle se livrait à tous les transports de la joie lorsqu'un quart d'heure après un second courrier arriva, lui apportant la nouvelle de l'arrestation du prince.

Elle se décida sur-le-champ à venir en France solliciter la grâce de son fils. Car, elle ne pouvait pas se faire d'illusions, c'était bien la peine de mort qu'il avait encourue pour son équipée. Quoique souffrante, elle se mit en route, mais secrètement; et, pour ne pas être soupçonnée de reprendre à son compte le complot manqué de son fils, elle ne vint pas à Paris : elle s'arrêta à Viry, dans la maison de campagne de la duchesse de Raguse, d'où il lui était facile de faire faire par ses amis des démarches en faveur du prisonnier. Elle n'eut garde d'oublier d'écrire à Mme Récamier. Sa dame de compagnie, Mme Salvage, alla la voir à Paris; elle visita aussi la reine des Français et le président du conseil, M. Molé, qui jadis venait en simarre passer ses soirées chez Hortense.

Ces démarches furent couronnées d'un succès presque immédiat. Le prince Louis eut la chance d'être exilé aux États-Unis. La reine Hortense avait appelé cette clémence de tous ses vœux. Mais maintenant qu'elle était rassurée sur la vie de son fils, elle se lamentait à l'idée de le voir partir. Mme Récamier, qui alla lui faire visite à Viry, dès qu'elle sut son arrivée, la trouva fort changée : elle la jugea mortellement atteinte et la quitta en formant pour sa santé des vœux qui ne devaient pas être exaucés.

La grâce de son fils obtenue, Hortense n'avait plus qu'à remercier le roi et retourner chez elle. C'est ce qu'elle fit. Mais sa santé avait reçu de tous ces événements un coup fatal. La malheureuse femme ne se remettait pas. Les inquiétudes, le chagrin, peut-être aussi l'abandon définitif des espérances qu'elle avait placées sur la tête de son fils, — tous ces fruits de son ambition, minèrent son existence. Ses forces déclinaient d'une façon inquiétante. Presque séparée du monde en ce temps, elle se livra aux pensées les plus sérieuses. Une lettre que Mme Salvage écrivit à Mme Récamier dans le courant de l'année suivante donne sur sa santé des renseignements assez précis :

Arenenberg, ce 13 avril 1837.

« ... J'ai fait part à Mme la duchesse de Saint-Leu du vif intérêt que vous prenez à ses maux; je lui ai transmis tout ce que vous m'avez dit pour elle. Elle en a été vivement touchée, elle en a été émue jusqu'aux larmes, et elle m'a priée à plusieurs reprises de vous bien exprimer combien elle y a été sensible.

« Je ne vous ai pas répondu plus tôt parce que j'espérais pouvoir vous donner de meilleures nouvelles. Hélas! c'est tout le contraire! A la suite d'une consultation des médecins de Constance et de Zurich avec le docteur Conneau, médecin ordinaire, le professeur Lisfranc, de Paris, a été appelé ici comme le plus habile et d'une spécialité reconnue pour l'opération que deux de ces messieurs croyaient nécessaire.

« Eh bien, après un examen scrupuleux et trois fois renouvelé, l'opinion de M. Lisfranc et celle des trois autres médecins appelés à consulter avec lui a été qu'il n'était pas possible de faire l'opération, et ils ont été unanimes pour prononcer une sentence irrévocable; enfin ils ne nous ont laissé aucune espérance dans les ressources humaines. J'aime encore à en placer dans la bonté infinie de Dieu que j'implore par de bien ardentes prières.

« L'état moral de Mme la duchesse est aussi calme qu'on peut le désirer dans une position comme la sienne. On lui a dit qu'on ne faisait pas l'opération, parce qu'elle n'était pas nécessaire et parce qu'un traitement suffirait, avec du temps et de la patience, pour la conduire à une parfaite guérison. Elle était toute résignée, avec un courage admirable, à se laisser opérer; maintenant elle se trouve heureuse de n'avoir pas à la subir, et elle est remplie de bonnes espérances.

« Dans l'attente de l'opération, — que contre mon avis on lui avait annoncée quinze jours avant que M. Lisfranc pût être ici, — elle avait fait ses dévotions et son testament.

« Le 30 mars au matin, une heure environ après qu'elle a eu communié, elle a eu la joie, qu'elle a rapportée à Dieu, de recevoir un gros paquet contenant des nouvelles — les premières depuis le départ de Lorient — écrites de la main de son fils. Sa lettre, qui est très longue, contient la relation de tout ce qui lui est arrivé, et de la plupart de ses émotions, depuis qu'il a quitté Arenenberg jusqu'au moment où il écrit le 14 janvier, à bord de la frégate l'*Andromède*, en rade devant Rio-Janeiro où on ne lui permet pas de descendre. Il y avait à bord les ouvrages de M. de Chateaubriand; il les a relus pendant une affreuse tempête qui a duré quinze jours et qui ne lui permettait aucune autre occupation que la lecture, et encore à grand'peine. Dites-le à M. de Chateaubriand, je vous prie, en me rappelant personnellement à son bienveillant souvenir.

« Pensez quelquefois à moi, pensez à ma cruelle position. Donner à une personne qu'on aime, qu'on sait que l'on va perdre, des soins impuissants, chercher à alléger, sans y réussir que bien imparfaitement, des souffrances aiguës et presque continuelles, montrer un visage calme quand on a le cœur déchiré, tromper, chercher à inspirer sans cesse des espérances qu'on n'a pas, ah! croyez-moi, cela est affreux et l'on donnerait volontiers sa propre vie. Adieu, adieu, chère amie, vous savez combien je vous aime[1] ».

Se sentant frappée à mort, la pauvre duchesse de Saint-Leu, dans cette ruine successive de ses organes et de ses espérances, dans ce désabusement de toute chose qui accompagne la fin de la vie, voulut faire son testament. L'approche de la mort ne changea pas sa nature : il n'y a pas de franchise dans ce testament. Hortense dit qu'elle pardonne, mais l'amère rancœur avec laquelle elle écrit les choses qu'elle pardonne et ceux à qui elle pardonne montre trop que, dans son cœur, elle n'oublie rien; et le pardon peut-il exister sans l'oubli?

Voici quelques lignes de ce testament :

« Que mon mari donne un souvenir à ma mémoire; qu'il sache que mon plus grand regret a été de ne pouvoir le rendre heureux.

« Je n'ai point de conseils politiques à donner à mon fils. Je sais qu'il connait sa position et tous les devoirs que son nom lui impose.

« Je pardonne à tous les souverains avec lesquels j'ai eu des relations d'amitié la légèreté de leurs jugements sur moi.

« Je pardonne à tous les ministres et chargés d'af-

1. *Souvenirs et correspondance de Mme Récamier*, t. II, 478.

faires des puissances la fausseté des rapports qu'ils ont constamment faits contre moi.

« Je pardonne à quelques Français auxquels j'ai pu être utile, la calomnie dont ils m'ont accablée pour s'acquitter; je pardonne à tous ceux qui l'ont crue sans examen, et j'espère vivre un peu dans le souvenir de mes chers compatriotes. »

Tout ceci est plutôt une apologie de sa conduite qu'un testament, un réquisitoire qu'un pardon. En l'écrivant, il est possible qu'Hortense ait oublié toutes ses légèretés, toutes les misères et les guenilles morales de son existence de reine, pour ne se souvenir que de « la légèreté des jugements qu'on avait portés contre elle. » Et puis, elle écrit en vue de la postérité et n'a pas la franchise de faire, comme Mme Roland par exemple, ses confessions plutôt que son panégyrique.

Lorsque l'heure de la mort vint à sonner pour elle, Hortense n'aurait pas pu dire à son mari, s'il était venu recueillir son dernier soupir, ce que dit Madame au sien : « Hélas! monsieur, vous ne m'aimez plus, il y a longtemps, mais cela est injuste, je ne vous ai jamais manqué. »

Peut-être, devant la majesté de la mort, devant l'éternité qui s'ouvrait pour elle, fit-elle un retour sur son passé et se souvint-elle alors des fautes qu'elle semble avoir, jusque-là, si bien oubliées. Peut-être en demande-t-elle pardon à Dieu, ainsi que de l'orgueilleux pardon qu'elle octroie par testament à ceux dont elle croit avoir eu à se plaindre. C'est possible, car dans les derniers mois de sa vie, se sentant perdue, elle s'était jetée avec ardeur dans la piété. Elle se consola ainsi de ses déceptions et de ses déboires, mais, dans son for intérieur, si elle fut sincère en ces moments suprêmes, elle dut reconnaître que, si elle avait eu le sentiment du devoir aussi prononcé que le goût pour la coquetterie, elle eût été bien plus heureuse.

Le prince Louis quitta l'Amérique aussitôt qu'il apprit que sa mère était dans un état alarmant. Il arriva à Arenenberg assez à temps pour la voir avant ses derniers moments.

Hortense mourut le 5 octobre 1837.

Son corps fut rapporté en France. Il repose dans cette église de Rueil où, depuis 1814, Joséphine dort son dernier sommeil. Un service divin fut célébré devant son cercueil. Il faisait très froid ce jour-là, la neige couvrait la terre, mais rien n'empêcha les survivants de l'Empire de venir saluer d'un suprême adieu celle qu'ils appelaient toujours la reine Hortense; mais était-ce bien le froid qui forçait quelques-uns de ces vieux généraux, M. de Flahaut, M. de Lawestine, etc., à essuyer parfois une larme coulant sur leurs joues ridées?

Le prince Louis, devenu plus tard Napoléon III, éleva à sa mère, qui lui avait soufflé au cœur la flamme de l'ambition, un superbe tombeau dans l'église de Rueil. Il le lui devait bien, car c'est Hortense qui fit de lui un empereur.

On y lit ces mots :

A LA REINE HORTENSE

SON FILS

NAPOLÉON III

La face antérieure du tombeau porte cette autre inscription :

HORTENSE-EUGÉNIE DE BEAUHARNAIS, DUCHESSE DE SAINT-LEU, REINE DE HOLLANDE, NÉE A PARIS LE 10 AVRIL 1783, FILLE DU PREMIER LIT DE MARIE-ROSE-JOSÉPHINE TASCHER DE LA PAGERIE, IMPÉRATRICE DES FRANÇAIS, ET DU VICOMTE ALEXANDRE DE BEAUHARNAIS, BELLE-FILLE ET BELLE-SŒUR DE NAPOLÉON Ier, EMPEREUR DES FRANÇAIS, MARIÉE A PARIS LE 3 JANVIER 1802, A LOUIS-NAPOLÉON, ROI DE HOLLANDE, DÉCÉDÉE EN SON CHATEAU D'ARENENBERG LE 5 OCTOBRE 1837.

FIN

TABLE DES GRAVURES

TABLE DES MATIÈRES

CHAPITRE VI

CHAPITRE VII

CHAPITRE VIII

CHAPITRE IX

CHAPITRE X

Imprimerie J. Dumoulin, à Paris. — 24.3.27

www.ingramcontent.com/pod-product-compliance
Lightning Source LLC
LaVergne TN
LVHW020555230826
846091LV00002B/496

* 9 7 8 2 3 2 9 2 4 6 8 3 3 *